吉本興業史

竹中 功

角川新書

はじめに

「ええか、今日のいまこの時をもって、ヤクザとはいっさい関わってはならん！　メシや酒の席はもちろんのこと、電話でしゃべってても目を合わせてもいかん。考えられるあらゆる局面でヤクザと接してはいかん！」

これは、吉本興業の舵《かじ》をとっていた林正之助《はやししょうのすけ》元会長が、所属芸人を集めて放った言葉だ。遡《さかのぼ》れば、一九六四年（昭和三十九年）から警察庁は、暴力団壊滅を目指す「第一次頂上作戦」を開始していた。暴力団の資金源を断つため、ヤクザと興行を切り離すための強行策に打って出たのだ。頂上作戦は第二次、第三次と続き、常に最大の標的にされていたのが山口組だった。山口組のトップである田岡一雄《たおかかずお》三代目組長は、一九八一年（昭和五十六年）に病没した。冒頭の宣言があったのは、その直前のことだった。

吉本興業の歴史を誰よりよく知る芸人、中田《なかた》カウスが証言者だ。複数の取材の中でも話していることであり、私も直接聞いている。

興行の歴史を振り返れば、中世からヤクザ（テキ屋や暴力団）とのつながりがあったことが確かめられる。両者の関係性が最も密になっていた昭和三十年代には、山口組が興した「神戸芸能社」が美空《みそら》ひばりや村田《むらた》英雄《ひでお》ら大物スターの興行権を握っていた。一九一二年（明治四十五年）創業の興行会社である吉本興業が、ヤクザとのつながりをいっさい持たずに興行してきたとは考えにくかった。

吉本興業は、吉本《よしもと》泰三《たいぞう》とせい（旧姓・林）の夫婦によって興された会社である。冒頭の言葉を発した林正之助は、せいの弟だ。十八歳で吉本興業に入り、創業夫婦亡きあとの吉本興業を長く仕切った人物である。「ライオン」という異名もとっていたように、怪物的な側面を持つ〝ビッグボス〟だった。私も正之助会長が亡くなるまでの十年間程だが、直接仕えた。

そんな人物が、いまから四十年前にヤクザとの絶縁を宣言していたのだ。

ビッグボスの言葉が厳しく守られていたなら、吉本興業は裏社会に関わる事件やスキャンダルとは無縁でいられたことになる。

もちろん、現実的には簡単なことではなかった。

なにせ突然の宣言をした正之助会長自身、田岡組長の葬儀に参列したところを写真に撮られて週刊誌や新聞に載せられていたのだ。当時、広報マンであった私はその切り抜き記事をスクラップブックに収めていた。自分で言っておきながら舌の根も乾かぬうちに……と思われてもおかしくない行為だった。矛盾を承知のうえで葬儀に出席することを選んだのだろう。両者の関係がいかに切り離しがたいものだったかが、それだけでもわかる。

中田カウスがこの話をするときには、決まって次のようなオチがつく。

「会長には、新聞を見せて、これは会長やないんですか、と聞いてみたんです。すると会長は表情も変えずにおっしゃりました。〝カウスくん、キミはボクに双子の兄弟がおるのを知らんかったんか？　これはボクやなくて弟のほうや。しゃあない奴やな。きつく言っとくわ〟と」

吉本興業と山口組との関係がいつ始まったかといえば、せいが山口組二代目、山口登《やまぐちのぼる》組長のもとを訪ねた一九三四年（昭和九年）だとみられる。そしてこの協力関係は、正之助会長にも引き継がれていった。一九六八年（昭和四十三年）作成、兵庫県警の内部資料である『広域暴力団山口組壊滅史』には、「山口組準構成員　吉本興業前社長　林正之助」とも書かれていたのだ。

両者の関わりは深く、関係がなかったことにできるものではなかったのが事実だ。冒頭から書くべきことではないかもしれないが、まずこの現実を頭に入れておいてほしい。

二〇一九年（令和元年）にメディアを騒がせた「闇営業問題」は、記憶に新しいはずだ。

それ以前の二〇一一年（平成二十三年）には、暴力団関係者との交際があったと発覚したことから、島田紳助《しまだしんすけ》が引退する騒動もあった。

吉本興業現会長の大﨑洋《おおさきひろし》氏は、紳助より少しあとに入社して、紳助と長く一緒に仕事をしてきた人物だ。紳助引退という結末は望むべきものではなく、相当の悔しさが残っていたにちがいない。

それだけに、いまなお反社会的勢力とみなされる組織からカネを受け取り、歌ったり踊ったりしている芸人がいたのを知ったときのショックは、大きかったはずだ。怒りが湧くというよりも、啞然《あぜん》として、悲しくつらくさえ感じたのではないかと想像される。

芸人たちが暴力団に近づかない意識を持っていても、反社、半グレなどと呼ばれるグレーゾーンとの接触を完全に避けることは難しい。世間の注目を集めた宮迫博之《みやさこひろゆき》と田村亮《たむらりょう》の会見（二〇一九年七月二十日）における言葉を鵜呑《うの》みにするわけではなくても、〝知らずに接してしまうケース〟はどうしても出てくるものだからだ。だが、そうはいっても「なぜ、軽率に……」という気持ちは捨てきれない。

吉本興業の歴史は、日本における芸人の歩みそのものである。笑いだけではなく涙のうえに成り立つ出来事や事件も多かった。

歴史には教訓がある。

そこから何も学ばなかったのか……という話になってくる。

私は、「ザ・ぼんち」の二人が歌唱した『恋のぼんちシート』が八十万枚という驚異的セールスを記録した一九八一年（昭和五十六年）四月に吉本興業に入社した。以来、およそ三十五年にわたって吉本興業の広報などを担当してきた。

入社してすぐのこと、宣伝広報室が設立され、そこに配属され、『マンスリーよしもと』の初代編集長を務めることにもなった。

吉本総合芸能学院、「よしもとNSC」の設立も担当している。

中邨秀雄《なかむらひでお》取締役（当時）から「竹中《たけなか》、商品（芸人）が足りへんから学校つくれや！」と言われたのだ。入社まもない社員にいきなりこれだけのことを言いつけてしまうのが、吉本興業という会社だ。上司の冨井善則《とみいよしのり》らと三人でやることになった。

その後も、心斎橋筋《しんさいばしすじ》2丁目劇場のオープンや各種コンテンツの制作、営業・管理部門の業務まで、あらゆることをやってきた。関連会社の専務や社長を務めた時期もある。自分で口にするのは憚《はばか》られるものの、いつしか「伝説の広報マン」とも呼ばれるようになっていたようだ。さまざまな会見を仕切っていた経験から、退社後は「謝罪マスター」という異名もいただいた。

在籍中は「年史編纂室《へんさんしつ》」代表も任された。しかし、その成果が世に出る前の二〇一五年（平成二十七年）に会社を辞めた。

「百年史」は二〇一二年（平成二十四年）の刊行を目指しながらもかなわず、私の退社後に『吉本興業百五年史』（吉本興業発行、二〇一七年）として刊行されたのだ。「中途半端に五年飛び出してるのもええやろ」というのが、いかにも吉本らしい。

吉本興業が嫌になったから辞めたわけではない。三十五年間、広報マンとして吉本興業のためにやれることはやってきたつもりなので、今度は自分のために時間を使って生きていきたくなったのだ。

会社にいたあいだの私は、直属上司や歴代社長に忠実だっただけではなく、吉本興業という会社や歴史に忠実でいたつもりだ。社史編纂に関わったことによって、その気持ちはさらに強くなっていた。歴史からだけではなく、先輩たちからも多くを学んだ。

「芸人は商品だ。だから大切に扱うんや。よく磨いて高く売れるようにしてやりや」

入社当時から、担当役員にそう教えられてきた。

吉本の人間が口にする「商品」とは、消耗品ということでは決してない。「大切に扱え」との言葉からもわかるように、芸人あっての会社だという考えが根底にある。

芸人との「専属契約」は、百年前から結んでいた。およそ〝おおざっぱ〟な契約だったのも確かだ。基本は「口約束」であり、契約書という紙はほぼ存在しなかった。闇営業問題から始まった会見騒動でも「おかしいのではないか」と指摘された部分でもある。

だがこの関係は、会社と芸人のあいだに人間同士のつながりがあってこそ成り立ってきたものだ。その「口約束」こそ、強い「契り」と言えるのだ。

私が知る限り、戦後、会社側から契約を解除した芸人は、片手で足りるほどしかいない。どうしようもない事態にいたらない限り、会社側から芸人に「お前はいらない」、「会社を辞めろ」と通告することはなかったのである。

会社の幹部らが芸人を「家族」と呼ぶのも、口先だけのことではない。商品であると同時に家族であるという感覚は、百年の歴史の中で培われ、染みついてきている。

その一方、芸人の側では「家族」という意識が薄くなってきていたのだと見ざるを得ない。今回の一連の騒動を通して、それが露呈した。

いまの芸人たちの中には、明治から始まった家父長制的な体質の「家」を理解しなくなった者も出てきているのではないだろうか。時代の流れからいえば、自然なことではある。

だが、時代や風潮の問題として、簡単に認めてしまいたくはない部分である。

闇営業問題が最初に取り上げられてから一年近くが経ち、関連するニュースがメディアに取り上げられることは減ってきた。このまま何もなかったようになるのだとすれば、それはそれでかまわない。ただやはり、あの騒動が吉本興業を変えることがあるのかはどうしても気になる。そして、そこに加えて新型コロナウイルス騒動も起こった。吉本興業の動きはいつも注目されている。

ここ一年や二年のあいだに起きたことに集約される話ではない。

百年を超える歴史の中で、吉本興業にはどんなことが起きてきたのか？

その果てに、いまの吉本興業はどのようになっていて、これからどこへ向かおうとしているのか？

　こうしたことを考え、問いかけてみたいという気持ちから、退社五年が経ちあらためて吉本興業史を振り返ってみることにした。

「私家版」吉本興業史である。

　私にとって、吉本興業、とくに吉本新喜劇は子どもの頃からの〝教科書〟だった。生き方もギャグも吉本が教えてくれた。そのうえで三十五年間、吉本という会社の中にいて、自分にやれる限りのことをやってきた。

　吉本で育ち、吉本で生きた人間だからこそ、吉本興業の歴史をもう一度、見直してみたくなったのだ。

　吉本はこれからどこへ行くのか——。

　私自身がそれを知りたい。

　そしてまた、「笑い」を愛するすべての人に考えてもらいたいことである。

※今回の本では、現役の芸人やタレントのほか、引退している芸人やタレント、吉本興業に関わる人物、故人も一部で敬称を略させていただきました。

目次

第一章　「ファミリー」の崩壊

●日本中を騒がせた二つの記者会見

「世間の皆さま、我々のことを応援してくださっている方々、とんでもないとり返しのつかないほど迷惑をかけてしまっている関係者の方々、そして不快な気持ちにさせてしまっているすべての皆さまにお詫《わ》びさせてください。本当に申し訳ありませんでした」

二〇一九年（令和元年）七月二十日。「雨上がり決死隊」の宮迫博之と「ロンドンブーツ1号2号」の田村亮は、目に涙を浮かべながら頭を下げた。

『フライデー』にスクープされた、いわゆる闇営業問題を受けての会見である。反社会的勢力とみなされる詐欺グループの忘年会に参加して、謝礼を受け取ったのではないかと問題視されたことから始まった騒動だ。

芸人たちの忘年会参加を仲介した「カラテカ」入江《いりえ》慎也《しんや》は、即座に契約解除。忘年会に出席した芸人たちは、謹慎処分となった。そのうえで七月十九日には、宮迫のマネジメント契約解除が発表された。この会見が開かれたのは、その翌日のことだ（田村亮については契約解除が検討されていた段階だった）。こうした流れであったため、吉本興業の仕切りではなく、宮迫と田村亮が独自に開いた会見だった。

冒頭に挙げた謝罪のあとに宮迫は、忘年会に参加して謝礼を受け取っていた事実を認めながらも、最初の段階では自分に謝礼が支払われている事実を把握していなかったと話した。その後、会見を開くまでのあいだに吉本興業や岡本昭彦《おかもとあきひこ》社長とどんなやり取りがあったかの説明が続いた。この話が長かったうえに、さまざまな問題点を孕《はら》んでいた。

謝罪会見のはずだったのに、内部事情をさらけだすような二時間半だった。ネットでは完全生配信され、大きなニュースになり、繰り返しテレビでも放送された。

一部であってもあの会見を見た人は、何を思い、何を感じただろうか？

この二日後には、岡本社長が五時間二十分にも及ぶおよそ中身のない会見を開いて、日本中を拍子抜けさせた。

闇営業が問題の始まりでありながら、反社との関わりだけでなく、芸人と会社の関係性が見直されるきっかけにもなった二つの会見だった。

ことさら吉本興業の暗部だけを取り上げたいわけではないのだが……。

この章では、まだ覚えている人も少なくないはずの二〇〇〇年代に起きた二つの事件、「中田カウス襲撃事件」と「島田紳助引退騒動」を振り返ったうえで〝令和ショック〟を考えていきたい。

●「ビッグボス」がいなくなった日

二〇〇九年（平成二十一年）一月九日に起きたのが、中田カウス襲撃事件だ。

念のために書いておけば、中田カウスとは、漫才コンビ、「中田カウス・ボタン」のボケ担当である。コンビ結成は一九六七年（昭和四十二年）なので、芸歴は五十年を超える。デビュー当時はマッシュルームカットにジーンズといった姿で舞台に上がり、漫才界にファッション革命を起こした。若い女の子たちにウケるネタも得意で、漫才界では最初のアイドル的存在になっていた。告白すれば、私が小学生の頃、人生ではじめてサインをもらった芸能人がカウス・ボタンだった。いまはもちろん、アイドル時代の面影はない。どちらかというとコワモテのベテラン芸人の部類に入る。令和になってすぐに七十歳になった漫才界の重鎮である。

そのカウスが助手席に乗るベンツが信号待ちをしていたとき、フルフェイスのヘルメットをかぶった男が突然、近づいてきた。そして、いきなり金属バットを振り回し、窓ガラスを割ってカウスの頭を殴打したのだ。

突然のことだった。

とはいえ、カウスの周辺は事件以前から騒がしくなっていた。

吉本興業という会社が、明治や昭和の体質を脱して新しい時代に合った組織に生まれ変わろうとしていた中で「お家騒動」が起き、カウスも巻き込まれていたのだ。

まず振り返っておけば、ビッグボスとして君臨していた林正之助会長が心不全で亡くなったのが、一九九一年（平成三年）のことだ。

吉本の歴史にとっては、大きなターニングポイントである。

この人の存在はそれだけ大きかった。正之助会長の葬儀・告別式は、社葬として、なんばグランド花月《かげつ》で行われた。「笑いの殿堂」で葬儀を行うのは異例のことであり、匂いがつかないようにと線香は焚《た》かない配慮がされた。

劇場の一階は政財界やマスコミ関係の人たちで埋まり、芸人やタレントたちは二階に入った。各界の大物の顔が見られ、参列客は約二千人にのぼった。

漫才ブームを牽引《けんいん》した「横山《よこやま》やすし・西川《にしかわ》きよし」の横山やすしにとっても、正之助会長は特別な存在だった。正之助会長に「育てられた」という思いが強かったのだ。にもかかわらず、身辺に問題が相次いでいたことから、一九八九年（平成元年）に契約を解除されていた。吉本発展の功労者でありながら、吉本から契約解除された数少ない芸人の一人になっていたのだ。吉本を離れたあとも映画に出演するなど、完全に芸能界から退いたわけではなかった。しかし、誰だかわからない相手から暴行を受けて体を悪くするなど、不遇の晩年を過ごしていた。

会長の葬儀には、一人でこっそりと会場に現われ、二階席で泣き崩れていた。

「キー坊（西川きよし）と三枝《さんし》（現・桂文枝《かつらぶんし》）が司会しとるけど、ほんまはわしがあそこにおらんといかんのに……」と嗚咽《おえつ》していた。

会場を中座したやすしはすっかり痩《や》せて体を弱らせており、その姿をマスコミに撮られたくなかった。そのため劇場の外でマスコミ対応をしていた私は、記者を寄せつけないようにしながらやすしを肩に担ぎ、会場から離れたところに停めていた車まで送っていった。

やすしの話は本題には直接関係ないが……。それだけ大きな影響力を持つ人が平成に入ってすぐに亡くなったということだ。

屋台骨を失った吉本はここから揺れ動いていく。

即座に騒動が起きたというよりは、組織にきしみが生じていたのだ。

●「創業家当主」が起こした、お家騒動

正之助会長が亡くなったあとには、中邨秀雄副社長が代表取締役社長に就任した。七〇

年代の吉本の再興に貢献した人物である。

正之助会長の娘婿である林裕章《ひろあき》氏は代表取締役専務だったが、この後に副社長、社長、会長とのぼりつめていくことになる。「家」という視点から見たなら、疑問が挟まれることはない昇進だった。しかし、この段階でもやはり目に見えない摩擦は起きつつあったのかもしれない。正之助というカリスマを失っていたからこそのことだ。

二〇〇五年（平成十七年）に裕章会長が亡くなると、対立構造が表面化してしまう。裕章前会長の妻であり、正之助元会長の長女である林マサ氏が、創業家当主としてお家騒動を起こしてしまったのだ。マサ氏は、当時の経営陣に対して、自分と裕章会長の子である正樹《まさき》氏を「役員にしろ！」と迫ったのである。

この頃、副社長になっていた大﨑洋現会長をホテルに呼び出して、暴力団関係者（元暴力団幹部）が脅迫していたことは『週刊現代』にもスクープされた。しかし、実際にはマサ氏は同席していなかったという。

大﨑会長の自著にも近い評伝、常松裕明《つねまつひろあき》氏の『笑う奴ほどよく眠る　吉本興業社長・大﨑洋物語』（幻冬舎、二〇一三年）の中でも記されているので、確かな事実だ。大﨑副社長が帰るのを許さず脅しつづけていたのだから、監禁という言い方もできなくはない。二十一世紀に入っていながら〝カタギの会社〟で行われるべきことではない。

この直後、マサ氏は『週刊新潮』に告発手記を発表している。

「『吉本興業』は怪芸人『中田カウス』に潰される！」と題されたものだ。手記の中でマサ氏は、「カウスが山口組五代目渡辺芳則《わたなべよしのり》組長との交流を公言し、その名をカサに着て吉本の経営に口出しをしている」ということを訴えた。

翌週にもマサ氏は同じような内容の手記を載せたので、今度はカウスが『週刊現代』に反論の手記を出した。こうして、両者の争いはドロ沼化していったのだ。

どうして突然、中田カウスという芸人の名が出てくるのか、と不思議に思われる人もいるはずなので、簡単に説明しておく。

芸人の中でもベテランとなっていたカウスは、この少し前まで裕章、マサ夫婦とは、良好な関係性をつくっていた。良好というと語弊があるかもしれない。裕章会長の懐刀的存在になっていたのだ。

この間、中邨秀雄元会長によるある疑惑が持ち上がっており、カウスは一定の役割まで果たすようになっていた。本来、芸人がやるべきことではない。そういう〝汚れ役〟までさせていた気兼ねもあったのだろう。裕章氏は、自分が会長になってしばらくすると、カウスを会社の「特別顧問」に就けている（のちにカウスは自分の意思で退任している）。

しかし、その裕章会長が体調を崩して入退院を繰り返すようになった頃から裕章会長、マサ氏、カウスの関係には変化が生じた。

このあたりの事情については、ジャーナリストの西岡研介《にしおかけんすけ》氏がまとめた『襲撃　中田カウスの1000日戦争』（朝日新聞出版、二〇〇九年）が詳しい。この本に載せられているカウスの証言によれば、病床の裕章会長に対して、妻であるマサ氏は、はっきりと憎しみをぶつけるようになっていたのだという。

「あんたは孤独に病院で死になさい」

そのような言葉まで口にしていたそうだ。理由はひとつではないにしても、裕章会長の女性問題などが原因ではないかと考えられている。

病身の裕章会長に対して刃《やいば》を突きつけているようなマサ氏をよく思わなくなったカウスは、裕章会長が亡くなったあと、マサ氏と距離をおくようになった。そのためマサ氏は、カウスが「寝返った」と捉《とら》えたのである。

この頃のカウスの動きについて、「計算高い」という言い方をする人間は、マサ氏のほかにもいなくはなかった。しかし、私はそんな見方をすることには疑問を持った。

カウスとすれば、お家騒動や派閥闘争などに興味はなく、「吉本興業という会社を存続させて、自分が好きな漫才を続けていくためにはどうすればいいか」を考えただけだったのではないか、という気がするからだ。

吉本興業は、激動の時代を乗り越えていく中で何度もかたちを変えながら大きくなっていった組織だ。進むべき道を見誤っていたなら、存続できていなかった危機は何度もあった。それを知っているカウスだからこそ、吉本興業という組織に先行きが怪しくなるような道を歩ませたくなかったのではないだろうか。

保身というよりは本能的なものだったのではないか、と私は思う。

当時、カウスからは半分シャレで「竹中さんはどこの側や？」と聞かれたこともあった。敵味方をはっきりさせたいといった意味ではなかったはずだ。当時の状況が嫌になっているからこその皮肉めいた問いかけだった。

「どこの側でもありませんよ。強いて言うなら、力のない側の冨井（宣伝広報室やＮＳＣにおける私の直属上司）の下です」と笑って私は答えた。

それで腹を割ってくれたのか、以来、カウスはいろいろな話をしてくれるようになったのだ。芸人やタレントとはあまり距離を縮めすぎないようにしている中にあり、比較的親しく付き合う仲になっている。

この頃の吉本は、本当にキナ臭かった。

社内にも創業家側の人間がいないわけではなかったので、「スパイがいるかもしれない」などといった声も聞かれていた。広報マンだった私も、何か情報を持っているのではないかと勘繰られていたのだから、たまらなかった。

社内外からの極秘情報などを握っているだろうとも見られていたので、いつどのように狙われるかはわからない。そのため、資料や書類、カバンなどを荒らされたり奪われたりしないように気をつけながら、びくびくと出退勤していたものだ。

●「血だらけ」になっていた中田カウス

こうした状況の中で起きたのが襲撃事件だ。

カウスが乗っているベンツが襲われたのは、なんばグランド花月を出てすぐのところだ。日本橋《にっぽんばし》二丁目（大阪市中央区《ちゅうおうく》）の交差点で信号待ちをしていたところでの不意打ちだった。

最初にも書いたように、突然、停めた原付バイクから降りてきた男がいきなりバットで窓ガラスを殴りつけてきたのだ。バットにはガムテープでガラスクラッシャーが巻きつけられていたのだから、プロの仕事だったとも考えられる。

二度目に振り下ろされたバットは、カウスの頭にも当たった。三発目がきたとき、カウスはバットを掴《つか》んで、後部座席にいた弟子とともにバットを奪い取っている。信号が変わるとすぐにベンツを発車させた。襲撃者のほうは現場近くに停めていた原付バイクに乗って逃げたようだった。

事件発生から十年以上経っている現在も、犯人は判明していない。実行犯も黒幕も、罪には問われていないということだ。

当時の状況からすれば、疑われる黒幕はおのずと絞られる。しかし、警察が犯人を特定しない限り、私などが軽々しく名前を出すわけにはいかない。

目撃者も多かったド派手な襲撃事件だったにもかかわらず、いまなお実行犯が特定されていないのも不思議な話ではある。

襲撃されたあと、カウスは一一〇番に通報して、なんばグランド花月に戻った。連絡を受けた私も、すぐにカウスのもとへと駆けつけている。

楽屋にいたカウスは血だらけになっていて、ジャケットにはガラスの破片が突き刺さっていた。

「ちょっと脱いでみてください」と、ジャケットを振ってみると、胸ポケットからウィンドウガラスの破片がバラバラと落ちてきた。犯人の攻撃が容赦ないものだったのがわかり、ぞっとした。

警察が駆けつけ、マスコミもすぐに集まってきた。

カウスは事情聴取と治療のため、警察署と病院に行くことになったので、記者たちには私が対応した。簡単に状況だけを話して、「今日はもう、カウスは戻ってきませんから」と引き取らせている。

その後、カウスたちと私がファミレスで落ち合ったときには、夜中というか朝方になっていた。

まずビールを注文して、「おつかれさ〜ん」と乾杯したのを覚えている。だが、こんな時にそのビールを注文したのは誰だったか……。「とりあえずビールを頼もうって言うたんは竹中さんやで」とカウスに言われたことはある。正直いって、どうだったかは覚えていない。

頭に包帯を巻いたカウスが、夜中のファミレスで乾杯していたのは、ハタから見れば異様な光景だったにちがいない。離れた席にいたヤンキーのような少年たちが目を真ん丸にしていた。このときにはもう、ニュースで事件が報道されていた。襲われたはずのカウスが目の前でビールを飲んでいるのを見れば、驚くのも当然である。

翌朝、吉本興業の事務所には「今後も中田カウスを使うんやったら、あれだけではすまんぞ」という脅迫電話がかかってきた。

そのため大阪府警では「企業脅迫事件」として捜査が開始された。

こんなことが、いまから十年ちょっと前に起きていたのだ。

それでもカウスは、いまなお芸人として、大勢のお客さんを笑わせ続けている。

「なぜ、それが許されるのか？」と言う人はいるが、まぎれもない事実だ。

●TOBにより林家、暴力団関係者と決別

二〇〇九年（平成二十一年）に吉本興業はTOB（株式公開買い付け）を行うことを発表した。これも、中田カウス襲撃事件とまったく無関係だとはいえない。

吉本興業は大証、東証の上場を廃止。クオンタム・エンタテインメントという特定目的会社にいったん吸収合併されたうえで、「吉本興業株式会社」に生まれ変わらせている。

新生・吉本興業が誕生したのは翌二〇一〇年（平成二十二年）のことだ。

令和の騒動の中でも、吉本興業の株主がテレビ局などのメディアに大半を占められていることが問題視されていた。そういう体制になったのもこのときのことだ。新生吉本興業に賛同してくれる三十一社に株主になってもらったのである。

どうしてこの改革を行ったのか？

ライブドアがフジテレビの買収に動いたのは二〇〇五年（平成十七年）だったので、M&Aなどを防ぐ目的もあった。それだけではない。〝総会屋などが入り込む余地のないクリーンな組織にすること〟〝創業家が力を持たない状態にすること〟を考えての組織一新だったと見ることができる。

この頃にはもうすでに、吉本興業の社長は創業家一族に限らず選ばれるようになっていた。橋本鐵彦《はしもとてつひこ》（一九七三～七七年）が最初で、その後も八田竹男《はったたけお》（一九七七～八六年）、中邨秀雄（一九九一～九九年）が社長になっている。林裕章をあいだに挟み（一九九九～二〇〇五年）、吉野伊佐男《よしのいさお》（二〇〇五～〇九年）、大﨑洋（二〇〇九～一九年）と続いていた。

だからといって、再び暴力団が絡んでくるような騒動が起こらないとは限らない。そういうことがないようにする目的で行われたTOBでもあったのだ。

マサ氏は二〇〇九年（平成二十一年）に亡くなった。TOBを行う直前には、本社にいた林正樹氏を子会社に出向させており（のちに退社した）、林家とつながりが深かった役員なども退陣させていた。林家の血縁者に関しては、正樹氏を最後に吉本にはいなくなったのだ。

創業夫婦の孫娘の夫である吉本公一《こういち》氏が関連会社である大成土地の社長を務めているなど、創業家とのつながりが完全に断たれたわけではない。だが、こちらに関して問題視されていないのは、いまの体制に大変に理解があり、いくつかの協業もあり、新たな騒動の火種になるとは考えにくい人物だからだ。

マサ氏が騒動を起こすようなことがなければ、正樹氏はどこかのタイミングで社長になっていたかもしれない。創業家一族の功績を考えれば、そうなっていてもよかったのではないかと個人的には思う。

しかし、二〇〇九年のＴＯＢは、吉本の健全化のためには避けられないことだった。暴力団との関わりを断つためには創業家の介入を抑える必要があったのである。

「今日のいまこの時をもって、ヤクザとはいっさい関わってはならん！」

林正之助会長がそう宣言してから約三十年。吉本興業から林家を切り離すことが、正之助会長の言葉を現実にするための絶対条件になっていたのだから皮肉な話だ。

●島田紳助の後輩への想い

たいへんな決意があってのTOBを断行してもなお、暴力団との関係は断ち切れなかった。それを示してしまうかたちで島田紳助が引退したのが、二〇一一年（平成二十三年）だ。

紳助は明石家《あかしや》さんまと同じ一九七四年（昭和四十九年）に吉本に入社して、一九七七年（昭和五十二年）に「島田紳助・松本竜介《まつもとりゅうすけ》」で漫才デビュー。「ツッパリ漫才」という新しいジャンルを生み出し、漫才ブームの中で絶大な人気を誇った。

「努力するのは当たり前。それ以上のことをしなければ勝てない」が持論だった。ネタ帳にも近い研究ノートは、何十冊も書いていた。〝何に興味を持って、次に何をするのがいいか。誰に会いたいか〟といったことについても常に、頭をフル回転させていた人である。ツッパリ漫才にしても、計算で生み出されたものだといっていいはずだ。

紳助・竜介は一九八五年（昭和六十年）に解散した。解散会見においては「サブロー・シローやダウンタウンが出てきて、もう漫才は辞めようと思った」とも発言している。「サブロー・シロー」の人気はこの頃、ピークに達していたといえる。一方、「ダウンタウン」はまだ全国的には無名に近かった。このときの紳助の発言で注目されたこともブレイクのきっかけになっている。

この日、広報マンとして会見の司会進行をしていた私としては、NSC一期生であるダウンタウンの名が出されたのは、NSC設立に関わっていた事もあって、申し訳ないが、ガッツポーズをしたいほどうれしいことだった。千代《ちよ》の富士《ふじ》関が現役を引退した際、「貴《たか》花田《はなだ》（のちの貴乃《たかの》花《はな》）と当たって、そろそろ潮時だと思った」と語るのはこの六年後になる。それに先駆けた言葉だったともいえる。

紳助・竜介解散後も、紳助の活躍は続いた。

二〇〇四年（平成十六年）、吉本興業の女性マネージャーに注意をしていた際、暴力をふるったことが表面化すると、謹慎することになった。

だが、このときは約二か月後に復帰している。

当時、私は吉本興業の子会社である「ファンダンゴ」（二〇〇〇年設立、二〇〇六年には大阪証券取引所ヘラクレス市場に上場）の社長になっていたのだが、「そっちはもうええから、紳助の復帰のほうをやってくれ」と会社から命じられている。このとき、「広報室長」という新たな肩書も与えられていた。

会社としてそこまで復帰をバックアップしたように、タレントを簡単に切ったりしないのが吉本興業だといえる。「商品力」を考えてのことでもあるが、会社と芸人の信頼関係に左右される部分も大きい。

復帰後の紳助は、司会者として確固たる地位を築いていった。

そのようなときに、暴力団関係者との交際が発覚したのだ。

そこで紳助は、引退を選んだ。

暴力団関係者のメールの中に紳助とやり取りしているものが見つかったのが、直接的なきっかけだった。法的に問題が問われる行為があったわけではない。謝罪や謹慎をしていれば、引退までする必要はなかったはずだ。それを考えたなら、潔すぎる決断だったといっていい。

引退の会見では、「けじめをつけるため」と言いながらも、こう続けた。

「自分の中ではセーフと思っていたが、芸能界のルールとしてはアウトだった」

「後輩には同じ過ちを繰り返させたくない」

後輩たちがこの言葉の重みを噛《か》みしめていたなら、令和の騒動は起こらなかったのではないだろうか。この引退会見の司会進行も私が務めさせてもらったが、在籍中の会見の中で一番感慨深いものだった。

●大崎洋の「紳ちゃん……、ごめんな」

紳助引退後、年が明けた二〇一二年一月に大崎社長（現・会長）は「いつか吉本興業に戻ってきてもらえると信じている」とも口にした。

この発言は当時、大きな問題として取り上げられた。社内総会のあと、マスコミ向けに談話を発表していた際、新聞記者に漏らされたひと言だったのだ。この部分ばかりが報道されたのである。当時の大崎は「あんなふうに扱われるんやったら、俺はもう、誰ともしゃべれへん」とこぼしていたものだ。

大崎はまっすぐな人でもある。

年齢でいえば私より五、六歳ほど上だ。私が入社した年の夏にザ・ぼんちの武道館公演があり、武道館の楽屋ではじめて顔を合わせた。

善《ぜん》ちゃんという先輩を「探してこい」と言われたので、「顔を知りません」と返したところ、「あほんだら、人に聞いて探してこい」と怒鳴られたのが最初のやり取りだった。乱暴な言い方ではあっても、理不尽だとは思わなかった。誰かに聞けばわかるのだから、言い訳した私が悪かったのだ。

以来、大崎とは三十五年近く、先輩後輩、ボスと部下として仕事をしてきた。私にとっては「アニキ」とも「センセイ」ともいえる存在である。トリッキーなところもあり、思いつきですぐに人に命令したりもするけれど、決断力と実行力は並外れている。厳しいところはあっても、情に厚い面もある人だ。

前出『笑う奴ほどよく眠る』の中では、大崎と紳助が問題への対処方法を話し合おうとしたとき、紳助のほうから「じゃあ、引退します」と言い出したのだと書かれている。紳助の引退会見後には、去り行く紳助に対して「紳ちゃん……、ごめんな。僕ら、もっと強くなるわ」と声をかけてもいたようだ。大崎の心中が察せられる場面だ。

●「吉本興業VS講談社」という図式

紳助の引退が発表されたあとも、さまざまなメディアが紳助を取り上げていた。糾弾の色合いが強く、復帰への道を閉ざしてしまうことにもつながりかねない報道も見られた。吉本興業としては、そんな報道を歓迎できるはずがなかった。紳助と山口組幹部が親しげにしている写真を掲載するなどしていた『フライデー』は、とくにそうだった。ある種の遺恨が生まれて引きずっている部分もなくはなかった。

これまで吉本興業は、『フライデー』や『週刊現代』を相手にして裁判でも争ってきた。雪解けできていた面もあれば、引きずっている面もある。

吉本興業所属のタレントが、講談社の媒体に露出する機会が少ないのは事実といえる。「ロザン」菅広文《すがひろふみ》の『京大芸人』『京大少年』が講談社から刊行されたように、関係が断絶しているわけではないが、あくまでレアケースだ。

令和の騒動は『フライデー』によるスクープが引き金になっていた。それも、やはり過去とは切り離せない部分もあったのではないかと考えられる。「吉本興業vs講談社」という図式が背景にあったといっても勘繰りすぎではないはずだ。

大﨑は感情的になりやすい面があり、自分が育てた芸人を守ろうという意識が強い。いつまでも根に持っていることもあれば、あっさり忘れたりすることもある両極端な面がある。そのあたりも、この人の憎めないところだ。

闇営業に関する一連のスクープがあったあとの二〇一九年(令和元年)十一月には、大﨑が女性と寿司《すし》屋に行っていたところを『フライデー』に直撃されていた。内心はどうだったかはともかく、このとき大﨑は、『フライデー』のインタビューにも応じていた。そのうえでこうも話していた。

「吉本を取り上げて『フライデー』は売れるの？　売れなかったら申し訳ないわ」

この記事を読んだときには、大崎らしいな、と思わず笑ってしまった。

●「闇営業」と「反社」

あらためて令和の騒動を振り返っていきたい。

ずいぶん報道されてきたことなので、経過については概略だけを記しておく。

二〇一九年六月七日発売の『フライデー』によるスクープが始まりだった。

カラテカの入江慎也が仲介して、雨上がり決死隊の宮迫博之やロンドンブーツ1号2号の田村亮ら複数の芸人が反社の忘年会に参加していたことが告発されたのだ。問題視された忘年会は、二〇一四年（平成二十六年）十二月二十七日に都内のホテルで開かれたものなので、四年半前のことになる。

時間差の大きな摘発記事ではあった。

そもそもこの世界でいう「営業」は、本芸を見せることとはイコールでつながらない。友人や知人、世話になっている方へのサービスで、店や会場に顔を出すことなどを指すこともある。結婚式場やホテルの宴会場、場合によってはスナックなどに顔を出す行為だ。

笑いを振りまくだけでなく、歌を披露したり、一緒に写真を撮ったりすることなども含まれる。それによって、「車代」などといった名目の礼金が出る場合も多い。会社はそれを見て見ぬフリをして許していた。

そういったサービスも必要な面はあるので、「一定の範囲」を超えなければクライアントやスポンサーとの直接的なやり取りも問題視していなかったのだ。

関西でいう「直《ちょく》営業」であり、関東などで「闇営業」と呼ばれる。

通常はうるさく咎《とが》められない直営業（闇営業）でも、相手が反社となれば話は別になる。付き合いがあること自体が世間に許されないからだ。「一定の範囲」を超えていることになる。

反社＝反社会的勢力の定義ははっきりしない。日本政府が一応の定義はしているものの、どこまでが反社なのかの境界は見極めにくい。

暴力団に属さず、暴行や恐喝などの犯罪行為を行う不良集団は「半グレ」と呼ばれ、半グレも反社とみなされる。名称が示しているとおり、「半分がグレー色」、「愚連隊のグレ」、「グレるのグレ」なのだから、白か黒か、どちらに分けられるかは判断しにくい。

「君子危うきに近寄らず」でいられるなら、ベストであるのは間違いない。しかし、「危うき」かどうかもわからないまま接触したり、そういう人たちがいる場に駆り出されてしまうこともある。一般企業であっても、相手が反社だとは知らずに取引していたケースも少なくないのだ。総理主催の「桜を見る会」に反社が招待されていたといわれる例もある。

だが、宮迫たちが関わってしまった反社は、グレーゾーンとはいえない詐欺グループだった。過去には約二百人から四十億円以上を騙《だま》し取っていたとみられており、忘年会のあった翌年六月には約四十人が摘発されている。はっきりとした犯罪者集団であり、多数の被害者が出ていたのだから言い訳はきかない相手だった。

●「吉本興業VSマスコミ」、「吉本興業VS芸人」に発展

最初の記事が出る前の五月三十日に、『フライデー』の記者は宮迫を直撃していた。このとき、証拠となる写真を見せられた宮迫は、問題となる忘年会に出席していたことを認めながらも、詐欺グループの忘年会だとは知らなかったと答えて、金銭の受領は否定した。

このことが問題を複雑にした。

のちに行われた記者会見の言葉を信じるならば……。

〝お金を受け取っていることは把握していなかった。ほかの芸人がもらっているとしても

お車代程度だと思っていた〟ということになる。

だが、実際に宮迫への謝礼としてお金が動いていたのだから、結果としては嘘と変わらなかった。それも、お車代とはいえない百万円という額だったのだ。

事件やスキャンダルが報道された場合、吉本興業には、メディアとどう向き合い、芸人に対してどのようなペナルティを加えるかの判断が求められる。ベストの選択をしなければならないところだ。しかし、この件においては嘘があったために難しくなった。

相手が詐欺グループだったのも大きい。謝礼を受け取っていたとするなら、一般の人から騙し取っていたお金だともみなされる。ナイーブな問題でありながら、金銭の授受は「なかった」と言ってしまったのだ。たとえその嘘が意図的なものではなかったとしても齟齬《そご》が生じる。会社と芸人の信頼関係も崩れてしまうのだ。

宮迫たちは、吉本興業との話し合いを持つなどしたあと、独自に会見を開いた。この会見は本来、詐欺被害に遭った人たちをはじめとした、世間に向けた〝謝罪会見〟であったはずなのに、途中からはそうではなくなった。このことも問題を複雑にした。

謝罪から始まったとはいえ、途中からは状況説明に重きがおかれていったのだ。

終わってみれば、〝釈明会見〟にしか見えないものになっていた。謝罪とは「誰が、誰に、何について謝るのか」が重要で、それが整っていなければ「謝罪」は成立しない。「謝罪」はゴールではないからだ。

岡本社長とのやり取りの中では、「お前らテープ回してへんやろな」、「（会見をやった場合は）全員、連帯責任でクビ」といった言葉を聞かされていたともいう。

ショッキングな展開であり、マスコミはこうした部分ばかりを取り上げた。

反社からカネを受け取ったのかどうかということよりも、「吉本興業（岡本昭彦社長）は芸人にパワハラをしているのではないか」、「吉本興業の体質やマネジメントに問題があるのではないか」、「契約書もない雑な関係」ということが問題にされていったのだ。

闇営業問題とは直接関係のないところでありながら、一部の芸人もそこにノッた。それにより「吉本興業vsマスコミ」、「吉本興業vs芸人」ともいえる事態にも発展してしまったのである。

●「ファミリー」の崩壊

宮迫らの会見後、松本人志《まつもとひとし》は「後輩芸人達は不安よな。松本動きます」とＳＮＳ発信。その後に吉本興業を訪れて、トップと会談している。

翌日の『ワイドナショー』(フジテレビ系列)では、東野幸治《ひがしのこうじ》が「いつから(会社は)そんなに偉そうになったのか」と発言。

松本も同意して、「芸人ファーストじゃないと意味がない。芸人がいてこそのあんたたちでしょということを会社にも話した」と返した。

岡本社長が五時間を超える会見を開いたのは、七月二十二日のことだ。

この五時間二十分に何が語られたかは、いまさら詳述しない。

「どうしてこの人物が社長なのか?」という印象を多くの人たちに持たせただけだったのではないかと心配されるほど、内容のない五時間二十分だった。

「岡本社長にしかできないこととはなんですか?」という記者の問いに対して、長く沈黙したあと、「みんなにあとで聞いときます」と答えたときには失笑するしかなかった。

この会見で岡本社長は、「タレント、社員を含めて吉本興業は全員がファミリーだ」とも口にした。それに対して芸人の側からは、「家族という言葉でなぁなぁにしてほしくない」、「家族というけれど、社長と話したこともない」といった声があがった。

ファミリーの崩壊が印象づけられただけだった。

本人たちがどう意識していたかとは関係なく、芸人(宮迫と田村亮)と吉本興業(岡本社長）は、衆目を集めるバトルを展開したような結果になった。

会見段階で岡本社長が芸人を責めることはなかったとはいえ、世間から見ればそれは、マスコミや他の芸人たちも加えた〝内輪《うちわ》揉《も》め〟であり〝大混戦〟だった。

ファミリーとしての信頼関係などは、どこにも見当たらなくなっていた。

いったい、ファミリーとは何なのか？

二〇二〇年（令和二年）一月に島田紳助は歌手 misono の YouTube チャンネルに登場した。八年半ぶりの映像メディア登場で注目された一件だ。この決断をした理由として語られたのは、「ファミリーだから」というひと言だった。この関係こそ「義理」や「人情」のレベルではなく、親子関係などにある「愛」を感じさせたものだった。

紳助が口にしたファミリーとは、すなわち「ヘキサゴンファミリー」である。

『クイズ！ヘキサゴンⅡ』（フジテレビ系、二〇〇五年～一一年放送）について紳助は「人生でいちばん幸せな番組でした。楽しかった、幸せだった」とも振り返っている。

努力家の紳助が売れ続けていた頃には、並大抵ではないストレスがあったと想像される。そんな中にあっても、いわゆるおバカタレントたちと笑い合ったあの番組が、紳助にとっての青春そのものだったのだと想像される。

あの番組に出演していた一人ひとりが、紳助にとっては子どものような存在になっている。だからこそ、結婚や出産、離婚といったその後を気にせずにはいられないのだろう。

木下優樹菜《きのしたゆきな》と離婚した藤本敏史《ふじもととしふみ》については、こうも話していた。

「あいつ、泣き虫やんか。電話でしゃべったら、泣いてるしかないねん。結婚するとき、離婚するとき、オレが辞めるとき、いつも泣いてんねん」

年齢差とは関係なく〝子を想う父の姿〟が浮き彫りになっている。

闇営業騒動の中で吉本側が口にした「ファミリー」と、紳助にとっての「ヘキサゴンファミリー」を比べたなら、どちらが本当のファミリーといえるのか？

吉本興業の内側にいたことのある人間として、今回の騒動で何よりも気になったのは、その部分だった。

●コンプライアンスの徹底へ

闇営業騒動が起こる以前から、吉本興業が「何があろうと絶対に反社会的組織との交流は許さない」ことを強い誓いにしていたのは、間違いないことだ。

お家騒動や紳助引退を教訓にして、反社と関わりを持ってはならないことに関しては、一般企業に比べても意識が高かったといえる。そして、この騒動が起きたあとにはさらに、コンプライアンス（倫理や法令の遵守）の徹底を図っていくことを表明していた。

宮迫と田村亮が会見を開く以前の六月二十七日には、吉本興業のプレスリリースとして異例ともいえる「決意表明」が示されていた。次の文がそうだ。

「この度の所属タレントの件によりファンの皆様及び関係先各位には、多大なるご心配とご迷惑をおかけしておりますことを、まずは心よりお詫び申し上げます。

弊社はこれまで下記のように全社的にコンプライアンスの徹底と反社会的勢力の排除に取り組んでまいりましたが、この度の件を受け、社員・タレントが一丸となってコンプライアンス遵守の再徹底を図ります。

（途中、省略）

長い芸能の歴史において反社会的勢力との関係が取りざたされたことは事実であり、このことは過去の当社においても例外ではなかったものと考えます。

しかしながら、現在の吉本興業においては、あらゆる反社会的勢力との関係は一切有しておらず、今後も一切の関わりをもたないことを固く誓約・宣言いたします。

今後、仮に反社会的勢力から不当な圧力や脅迫を受けることがあれば、関係各署・機関とも密接に連携し、徹底的に戦い、断固それを排除してまいる所存です。

本件につきまして多大なるご迷惑ご心配をお掛けしておりますことを重ね重ね深くお詫び申し上げます。以上、何卒ご理解賜りますようお願い申し上げます」


「下記のようなコンプライアンス」とあるが、それに関してはこう記されている。

「弊社では、2009年の非上場化のタイミングと同時に、反社会的勢力との決別を明確に打ち出し、強い信念をもってその排除に努めてまいりました。新たにコンプライアンス推進委員会を組成し、警察OBや弁護士を顧問に迎えコンプライアンス推進体制を整備し、グループ全社におけるコンプライアンス推進を図ってまいりました。

その一環として2009年からコンプライアンス研修を開始し、毎年1回、マネージャーが個別についたタレントにつきましては個別面談、その他の若手を中心とするタレントにつきましては劇場での集合研修という形式にて実施してまいりました（以下略）」

ＴＯＢを打ち出した二〇〇九年（平成二十一年）が、いかに大きなポイントだったかがわかる。

これ以降、コンプライアンス研修は確かに実施されていた。現役社員だった頃には私自身、講師の役割を負っていた。「酒、男女問題、薬物、金銭、反社」などの項目に関しては、とくに繰り返し注意していた。それだけではなく、時代に合わせて「脱法ハーブ」、ブレーキ装置を持たない、もしくは前後どちらかにしかブレーキを設置していない「整備不良自転車」、「ＳＮＳ炎上」といった注意事項も加えていった。

若手芸人たちには朝から劇場に集まってもらい、笑福亭仁鶴《しょうふくていにかく》、桂文枝といった重鎮たちに対しては、一人ひとり楽屋を訪ねて説明していた。

六月二十七日付の「決意表明」は、最後にこう締め括《くく》られている。

「一連の報道されている件を含め、約６０００人の所属タレント及び約１０００人の社員のあらゆる行いについてはすべて当社の責任です。繰り返しとなりますが、当社グループ全体でさらなるコンプライアンスの徹底に全力を尽くす覚悟であり、ここにその決意を表明いたします」

吉本興業が、さらなるコンプライアンスの徹底を目指してリボーンすることを宣言したのがこの日だったともいえる。

騒動がさらに大きくなっていくのはこの後のことだが、この段階において、その決意はホンモノだったと信じたい。この決意がなかったことになれば、令和の騒動は、世間が望むものを何も残さなかったことになってしまう。

●闇営業騒動の余波

令和に起きた騒動に関して、いくつか付け加えておきたい。

問題の忘年会の仲介者だったカラテカ入江は、『フライデー』の第一弾記事が出る前に吉本興業から真相を質《ただ》されていた。それに対して、入江は「反社からの依頼だとは思わなかった」と答えていたようだ。それでも入江は、『フライデー』が発売される以前に契約解除となっている。この段階で宮迫、田村亮やそれ以外の芸人については厳重処分にしていただけだったのだから、責任が大きいと判断されたのだろう。

人脈の広さを売りにしている入江は、「イリエコネクション」という株式会社も設立していた。「人と人を繋《つな》げるコンサルティング会社」だと打ち出していたが、実態はよくわからない。ただし、芸人の営業を仲介、斡旋《あっせん》しているということでは、吉本興業の業務とかぶる部分はあったはずだ。所属芸人が焼肉屋を経営するのとは意味が違う。競合する会社を経営していたことを問題視しなかったのは、吉本興業の寛容さであり、甘さでもある。

ちょっとやそっとのことでは芸人を解雇しない吉本が、契約解除を即決したのも異例だった。このとき吉本は「社の規律に反し、芸人やタレント、会社全体のイメージやブランドを著しく失墜させたことで契約解消に至った」と説明していた。

この処分、吉本は入江を加害者側と認定したようだが、実際には彼自身の甘さから自らを被害者に陥れてしまったといえる。

問題の忘年会の半年前に、同じ詐欺グループの首謀者の誕生会が開かれた際にも、入江は芸人たちを参加させる仲介をしていたことが第二弾記事としてスクープされた。

吉本興業以外の事務所に所属する芸人も、問題の詐欺グループの会に参加していたことが、その後に報道されている。

さらに記者会見前日となる七月十九日発売の『フライデー』では、宮迫が金塊強奪事件の主犯格とされる男たちと酒席をともにして、金銭を受け取ったとする記事が出された。吉本興業が宮迫とのマネジメント契約を解消したのは、この記事があったからだと推測される。だが、単に店で会った相手に一緒に写真を撮ってほしいと頼まれただけだったのか、酒席をともにすることで謝礼をもらう、いわゆる「ギャラ飲み」だったのかは、いまもってうやむやになっている。

実際にお金のやり取りがあったかはともかく、金塊強奪犯とわかっている相手とギャラ飲みする芸能人はいないはずだ。所属芸人の言葉を信じるのか、金塊強奪犯の話を鵜呑《うの》みにするのか、鵜呑みにした記事を信じるのか、という話でもある。

真相はわからないにしても、所属芸人が「知らない」と言うなら、信じるべきではないのか、というのが私の見解だ。あの記事が出たことにより、これ以上の厄介事はごめんだと考えて契約解消を決めたのであれば、吉本らしくなさすぎる。もしくは、宮迫が真実を話してくれるしかない。

また、宮迫と岡本社長の会見のあとには、「極楽《ごくらく》とんぼ」の加藤浩次《かとうこうじ》が「いまの体制が続くのならオレは吉本興業を辞める」と発言したことも注目された。

加藤がそう言ったのは、会社に対する不信感が大きくなっていたからこそだ。それではファミリーでいられるはずがない。結局、加藤は、吉本興業とはエージェント契約を交わしたかたちで個人事務所「有限会社加藤タクシー」を設立することで落ち着いた。大崎会長や岡本社長とのあいだで、どんな話し合いが持たれたのかはわからない。

ロンドンブーツ1号2号の田村淳《あつし》も、「株式会社LONDONBOOTS」を設立した。この際には、「独立ではなく、田村亮と吉本興業をつなぐための会社」と説明していた。私としては亮が直接、吉本興業と契約を結びなおすのが筋だとは思っていた。淳とすれば、事を荒立てずに亮を守りたかったのだろう。折衷案のようにも見える事務所設立だった。

結果としてこの騒動は、芸人たちの吉本離脱につながりはしなかった。それ自体は悪いことではない。この騒動を機に、会社と芸人の関係性が見直されていくのであれば、今後にもつながる。

まだまだ不確定な部分は多いにしても、吉本興業としてはもう一度、芸人ファースト、お客さんファーストとは何かを考え、反社には近寄らない姿勢を徹底していくものと期待したい。

●チュートリアル徳井の巨額申告漏れ

闇営業問題が解決を見ないうちに、別方面でスキャンダラスなニュースが発生したのは残念だった。「チュートリアル」徳井義実《とくいよしみ》の巨額の申告漏れがそうだ。

十月二十三日、東京国税局から過去三年分の法人所得である約一億二千万円が無申告である、と指摘されていたことがニュースで報じられると、その夜、吉本興業大阪本社で会見が開かれた。テレビ番組の収録後になったため、深夜の会見になっていた。

この際、徳井は「想像を絶するだらしなさ」が原因だったように話した。意識の低さを示すばかりの会見だった。

「以前はしっかり申告していたのか？」という質問に対する回答も「そうですね」と答えていたが、それは嘘だった。会社もそれを確認していなかった。闇営業問題にも通じるところであり、悪意があったかどうかは関係ない。

「真実を明らかにしなかった」ことがすべて、といえる。

この後の報道や調査によって、徳井は二〇〇九年（平成二十一年）の法人設立後、二〇一八年（平成三十年）まで一度も期限内に申告しておらず、二〇一六年（平成二十八年）には銀行預金が差し押さえられていたことや社会保険の加入手続きを怠っていたことが発覚した。

　これらの事実は吉本興業から発表されたものの、〝後だし〟になった印象は拭《ぬぐ》えなかった。そういう状況をつくってしまったことでも、会社と徳井の信頼関係は崩れてしまう。

　本来は、事実を完全に把握して問題点に気づいたうえで謝罪ができ、再発防止策が語れるものなのに、それがまったくできていなかった。にもかかわらず、急いで会見を開いたことにより、事態が悪いほうへと進んでいったのだ。

　徳井の活動自粛が発表されたのは、会見の三日後だ。その後、ＣＭの差し替えやテレビ番組の再編集などが緊急で行われている。多くの人に迷惑がかかり、多大な損失が生まれてしまった。

　深夜に慌てて会見を行わず、事態を正確に把握したうえで、弁護士などの専門家を同席させて会見を開いていたなら、また違っていたのではないだろうか。

　会社と芸人のコミュニケーション不足も問題だった。

　芸人に行き届かない部分があるなら、それを察してフォローするのも会社やマネージャーの役割のはずだ。松本人志がいう芸人ファーストには、そんな面までも含まれていると考えていいだろう。

百年企業として、成熟できていなかった部分である。

●厳しい目が向けられ続けた吉本興業の「令和元年」

この原稿を書いていた二〇二〇年（令和二年）二月二十四日、徳井の芸能活動再開が発表された。

吉本と徳井は何度も話し合いを重ねて、徳井が十分に反省していると判断したことから復帰が決まったとされている。それが吉本興業という会社だ。芸人に非があった場合にしても、世間と会社の双方に対してしっかりと謝罪して、出直しの姿勢を見せたなら、再出発を拒まず応援もする。

田村亮に関しては、徳井より先に、田村淳が設立した株式会社ＬＯＮＤＯＮＢＯＯＴＳの所属タレントとして活動を再開することが発表されていた。四月には、大崎会長がパーソナリティを務めるラジオ番組に、ゲスト出演も果たした。

一方で、宮迫はYouTubeチャンネルをつくりながらも、芸能活動の本格再開のメドは立っていない。

私見ではあるが、宮迫が会社に対してどういう姿勢をみせているのかと関係している気がする。世間だけではなく、吉本興業にもしっかりと筋を通して謝るべきところを謝るようにしたなら、復帰への道は拓《ひら》かれるのではないだろうか。どこかで、まだ自分自身も被害者ではないかという印象を感じさせるのはなぜなんだろうか？

吉本興業は絶対的に、芸人を守る会社だ。

「ファミリー」という言葉に対する意識のズレは生まれていても、その部分は変わっていないはずだ。早々に元の鞘《さや》に収まることを祈りたい。

そうでなければ、吉本興業は吉本興業ではなくなる。

二〇一九年（令和元年）十月二十九日には、漫才コンビ「ミキ」の京都を盛り上げるＳＮＳ発信に対して吉本興業から京都市に請求書が送付されていたことが報道された。「単価五十万円、数量＝二」で百万円が請求されていたのだという。

世間が驚いたとすれば、ＳＮＳに二回書き込むだけで百万円という高額なギャラだったのかもしれない。だが、二度のＳＮＳ発信のためだけに発生した金額ではないと推測される。この発信が「京都市盛り上げ隊」としての活動の一環であったなら、特別、問題視されることではないはずだ。問題があったとするなら、請求書の書き方として、二度のＳＮＳ発信の対価として金額が算出された扱いになっていたことだろう。

ただし、ギャランティの発生しているSNS発信でありながら、京都市が広告主であることを明確にする記載がなかったのは、もちろん反省すべき点だ。この記載がなかったために、ミキのSNS発信は口コミを装った広告＝「ステルスマーケティング（ステマ）」にあたるのではないかと指摘されたのだ。

ミキとは関係ない話として、二〇一二年（平成二十四年）には芸能人によるステマが問題になった。複数の芸能人が、報酬を受け取っている事実を隠して宣伝の意味合いが強いSNS発信をしていた件である。このときは、実体のないオークションサイトが対象だったこともあり、「詐欺の片棒を担いだ」という糾弾の声があがった。それにより、このサイトのPRをしていた芸能人たちは芸能活動の自粛などに追い込まれている。

このときからステマを排除していこうという動きが出ていたのだから、京都市も吉本興業も不注意だったといえる。

こうしたステマは、法律などで規制されているわけではなく、PR業界やウェブ業界の自主規制にゆだねられているのが実態だ。

闇営業問題以降、吉本興業には何かと厳しい目が向けられている。吉本にとって手痛いお灸《きゅう》がすえられた令和元年になってしまった。

そんな年の締め括りに行われた『M－1グランプリ』で、「ミルクボーイ」が史上最高得点を獲得して優勝した。それだけはよかった。

ミルクボーイの快挙によって、風向きが変わったところもあるのではないか。

世間を笑わしてこその吉本興業である。

第二章　吉本創業と躍進の歴史

●吉本興業という「謎の生命体」

「竹中、百年史はお前に任したわ」
弁当を注文しといてくれ、というのと変わらないニュアンスでこうしたことが告げられるのが、吉本興業という会社だ。ただし、この場合はまったくの突然というわけでもなかった。それ以前に私は「八十年史」の編纂《へんさん》も先輩とともに任されていたので、流れとしては自然なことだったのだ。

八十年史は、一九九二年（平成四年）に『吉本八十年の歩み』（吉本興業株式会社）として刊行されている。非売品という扱いだったので、世間にはあまり出回っていない。百年史は、私の退社後の二〇一七年（平成二十九年）に『吉本興業百五年史』として発行された。相当な重量感のある本で一万五百円という定価がついている。

どちらも社史であり、いうなれば「正史」だ。

その二冊の編纂を担当したのだから、創業以来の歴史はずいぶん調べた。資料も漁《あさ》ったし、当時を知る人がいれば、できるだけ直接会って話を聞くようにしていた。

そういう中で私は、吉本興業を〝謎の生命体〟のようにも感じるようになっていた。激動の時代をくぐり抜けてきた足跡を振り返れば、執念にも似た生命力が感じられるようにもなっていたからだ。

いつしか、私はこの生命体に対して畏敬《いけい》の念さえ覚えるようになっていた。

吉本興業の歴史が会社の中で正しく語り継がれていたのかといえば、そうとはいえない部分もあった。

林正之助会長は「八十年史」が出される直前の一九九一年（平成三年）に亡くなった。会長の生前に関していえば、吉本の歴史は〝正之助の歴史〟に近いものにもなっていたのだ。

たとえば、それまで「万歳」あるいは「万才」と表記されていたマンザイを「漫才」に改めたのは一九三三年（昭和八年）のことだ。当時、文芸部も兼務していた橋本鐵彦が名付け親だと考えられている。

しかし、正之助会長に言わせれば「オレがやったことや」となるのである。

この件に限らず、万事がそれに近かった。

少し話は違うが、一九八八年（昭和六十三年）には『花王名人劇場』で『にっぽん笑売人』というドラマがつくられた。正之助会長の活躍を中心に吉本興業の創成期を描いた娯楽作品だ。この際、沢田《さわだ》研二《けんじ》が正之助役を務めることが決まると、「沢田がやるならええやろ」と上機嫌になったという。だが、このドラマは連続ものだったので、最後まで正之助会長の機嫌が保たれたわけではなかった。第四回か五回あたりで裏社会との関わりを描こうとすると、正之助会長の顔つきは一変した。そこについては、やはりアンタッチャブルだったということだ。「二度とオレのことは取り上げるな！」とものすごい権幕で怒り出し、その先の回はつくらせなかったというのである。

とにかく、正之助会長の発言や決定は絶対だった。

そのため、これまで語られてきた吉本興業史は〝林正之助にとって都合のいい歴史〟になっていた面もあったわけだ。正之助会長の言葉に従っていた部分もあれば、周りの人間が勝手に忖度《そんたく》していた部分もあったはずだ。正之助会長が生きていた時代の〝正史〟とはそういうものだった。

●消されていた「林弘高」

ここまで名前を出していなかったが、林せいの実弟として吉本興業の経営に参加したのは、正之助会長だけではなかった。正之助会長にとっては弟にあたる弘高《ひろたか》もそうだ。東京の吉本を任されていた存在であり、一九六三年（昭和三十八年）には吉本興業の社長にも就任している。

一九七一年（昭和四十六年）に亡くなっているものの、戦後まもない頃には、兄・正之助に負けないだけのことをやっていた。それにもかかわらず、弘高氏の功績は吉本興業ではあまり語られていない。実際には弘高氏が指揮をとっていたはずのことでも、正之助会長がやったことのようになっている事業も少なくないのだ。

「八十年史」にはそのような面がある。「正史」だからこそ、会社の論理に動かされていた部分もあったということだ。そのこともあり、「百年史」（『吉本興業百五年史』）では、誰に対する忖度も働いていない〝正しい正史〟をつくりたかった。

最後まで私が関わったわけではないが、外部のジャーナリストや評論家に寄稿してもらうなどして、そういう方向で編集をしていたつもりだ。本来、避けたいテーマでもある「興行とアンダーグラウンド」といった記事まで書いてもらっていたのは、包み隠さず会社の歴史を振り返っておきたかったからである。

「百年史」をつくる際にもうひとつ気をつけたのは、個々の事案について、社員の個人名を出して功績を称《たた》えるような書き方は避けるようにした点だ。

たとえばの話、「ザ・ぼんちを人気者にしたのは誰なのか？」と問おうとしたなら、そのときの社長なのか、マネージャーなのか、チームのリーダーなのか……と見解が分かれる。仮にマネージャーの功績が大きかったとしても、そのマネージャーは、たまたまその任に就いていたからこそ貢献できたといえるかもしれない。その功績を称えすぎれば、他の社員はいい気はしない。誰かの功績だというなら、ザ・ぼんちの二人である。この点をブレさせないでおく方針は、大﨑洋社長（現・会長）と話し合って決めたことだった。

前置きが長くなったが、この章からは「八十年史」、「百年史」を編纂した経験を生かしながら、できるだけニュートラルな立場で創立以来の吉本興業を振り返っていきたい。ただの回顧ではなく、現在と未来につながる教訓が読み取れるものになっていくのではないかと考えている。

●これぞ吉本！〝不純な動機〟での船出

吉本興業の創業は、一九一二年（明治四十五年）四月一日である。『百五年史』の中でも書かれているが、どの日をもって創業日とするかは判断が難しいところがあった。いまは正式に、この日を創業日としている。

吉本泰三、せい夫婦は、この日から天満《てんま》天神《てんじん》裏門にある第二文芸館の経営に携わるようになったのだ。ちなみに泰三は通称で、本名は吉次郎《きちじろう》。家督を相続した際に吉兵衛《きちべえ》の名を継いでいた。このとき泰三は二十五歳、せいは二十二歳だった。

泰三は荒物問屋の若主人でありながら、道楽三昧《ざんまい》で、寄席芸人を連れて歩くなどしていた。自ら一座を組んで自分自身も舞台に上がっていたともいわれる。この頃のことを語った、せいのインタビューが残されている。それによれば、「一年半、旅に出たきり」で帰ってこないこともあったという。

せいは米穀商を営む林家の三女として生まれた。それほど裕福な家ではなかったと考えられている。内職などをしながら泰三を支えて、耐えていた。

せいに迷惑をかけながら好き勝手やっていた泰三が、寄席経営を思いついたのが〝吉本の始まり〟である。動機がどこにあったのかはわからない。

人を笑わせたいと思ったのか、好きなことを生業《なりわい》にしたいと思ったのか……。

前者であったとしても後者であったとしても、いい意味でシンプルかつ不純な動機だ。思いつきに近かったのではないかと想像される。先のことを深くは考えないまま船出したということだ。

吉本興業の原点がそんなところにあったのだとすれば、その後の紆余《うよ》曲折もなんとなく頷《うなず》ける。吉本興業にふさわしい船出だったのではないかと思うのだ。

インタビューの中で、せいは「良人《おっと》を世に出したさの一心」だったとも答えている。想いはシンプルであり、経済的成功を求めたわけではなかったのだろう。

第二文芸館の経営に関わりだしてしばらくすると、正式な買収話が持ち上がった。このとき必要になった五百円は、結局、せいの家から借りている。せいとすれば、とにかく、まずは夫だったことがわかる。

●「五銭寄席」と「花月」の始まり

開業当初から、二人は他の寄席とは違うことをやろうと、さまざまな新機軸を打ち出していた。当時、寄席の入場料は十五銭から二十銭が相場だったのに、二人は入場料を四分の一にする「五銭寄席」を始めたのだ。

入場料を安くした分だけ工夫も必要だった。座布団を詰めて敷くことで、できるだけ多くの客を入れたり、寄席の前で冷やし飴《あめ》を売るなどして、売り上げを増やした。

一攫千金《いっかくせんきん》とはほど遠い地道な努力を続け、寄席経営が軌道にのると、すぐに他の寄席小屋も買収してチェーン化を図った。

最初は場末の小さな寄席ばかりだった。しかし、創業四年目には借金をして由緒ある寄席を買収する勝負に出た。世間を驚かせたのが、南地《なんち》法善寺《ほうぜんじ》裏にある金沢亭《かなざわてい》の買収だった。金沢亭を「南地花月亭」と改称したのが「花月」の始まりである。

花月の由来については、いくつかの説がある。

易にも凝っていた落語家の桂太郎《たろう》が、「花と咲くか、月と陰るか、すべてを懸ける」という意味でこの名称を勧めた、というのがそのひとつ。

また、「花は散っても次の春にはまた満開となり、月は欠けてもひと月後には満月を迎える」という意味から命名したともいわれる。

いずれにしても、最初から浮き沈みがあるのは覚悟していたということだ。いま花月の舞台に上がる芸人たちも、この名を軽んじるべきではないだろう。

花月誕生の二年後、十八歳の正之助が経営に加わった。これが一九一七年（大正六年）のことだ。最初は嫌がっていたのに、せいに提示された「高給」に釣られたともいわれる。それだけの理由で夫婦の手伝いをすることを決めたのだとすれば、正之助の動機もまた不純である。

この頃から、「吉本興行部」という名称がチラシなどに使われだしており、正之助は総監督に任命されている。

●爆笑王・桂春団治の「放送騒ぎ」

一九二一年（大正十年）に、桂春団治《はるだんじ》が吉本の専属になったのも重要なターニングポイントに挙げられる。

春団治は、この時代きっての人気落語家だった。古典落語に時事ネタをギャグとして加える斬新《ざんしん》さが売りで、「爆笑王」と呼ばれていた。私生活では奇行が目立った。

吉本としては、ライバル勢力に負けないカラーを打ち出していくため、型破りな春団治がどうしても欲しかったのだ。そのために提示したのは、破格の条件だった。

契約金が二万円、月給が七百円。

大正末期から昭和初期、大卒の初任給は四十五円で、千円で家が買えたともいわれる。二万円という契約金は途方もない額だった。月給にしても、毎月、家は買えないにしても、それに近い金額である。現代のプロ野球でいえば、資金に余裕のない球団が現役バリバリのメジャーリーガーを獲得して、すべてを賭《か》けるのにも近い。

この賭けが成功した。

時代が昭和、平成と移っていっても、お笑いがブームになるときには、必ず中心人物が存在していた。笑福亭仁鶴しかり、やすきよしかり。ダウンタウンしかり、事務所は違うがビートたけししかり……。そういう人気者がいてこそ、世の中は笑いを求める。

このときから、その法則ができていたのだ。春団治を得た吉本は、攻めの姿勢を崩さず寄席経営を拡大していった。春団治の存在がすべてではないにしても、やがて大阪の演芸界では最大勢力にも近くなっていたのだ。

「春団治という人は、誰も真似ができないほど大きな笑いをとっていた」

正之助会長もそう話していた。

春団治の落語のほとんどはＳＰレコードになっていて、千枚近くになる。貴重な文化遺産だ。仁鶴なども、落語界に入ったきっかけは、春団治のレコードを聞いたことだと振り返っていた。それくらい影響力のある落語家だったということだ。

少し先の話をすれば、有名なエピソードとして「春団治の放送騒ぎ」がある。ラジオ出演をめぐるいざこざである。

日本でラジオの放送が開始されたのは、一九二五年（大正十四年）だ。普及するまでには時間がかかったものの、吉本では所属芸人のラジオ出演を禁止していた。落語などがラジオで流れて、タダで聞かれるようになれば、寄席に人が来なくなる。それを防ぐためだったと一般には考えられている。

実際は、それだけではない。ラジオを聞いて、それまで寄席に来たことがない、いわば素人の客が押しかけてくるようになると、寄席本来の空気がそこなわれてしまいかねない。それによって、寄席の魅力が失われるのではないかと懸念されたのだ。

この問題は現代にも通じる。寄席や劇場のパフォーマンスと、メディアから伝えるパフォーマンスをいかに使い分けるか。新しいお客さんは必要であっても、従来の客とうまく融和できるかを考えながら、メディアを利用していかなければならない。二〇二〇年（令和二年）三月には、吉本系全劇場が休館したのを機に、無観客公演のネット中継を無料で実施した。

そんな理屈はお構いなしで、会社の方針を破ってラジオに出演したのが春団治だった。

騒動が起きたのは一九三〇年（昭和五年）だ。

春団治がＪＯＢＫ（現・ＮＨＫ大阪放送局）と出演の交渉をしているという情報は吉本側も摑《つか》んでいたので、絶対に放送局に入れないでおこう、と監視態勢が敷かれた。当時は、録音という技術もなく、一説には、正之助が先頭に立って放送局前でにらみを利かせていたともいわれる。それにもかかわらず、新聞で告知された時間にはラジオから春団治の一席、「祝い酒」が流れてきたのだ。

　正之助たちが驚いたのはいうまでもない。

　実際には、春団治は前日に京都入りして、京都のＮＨＫのスタジオから放送していたのである。

　用意周到なこの行為を、吉本側は許さなかった。契約違反ということで、家財道具なども含めた財産一式を差し押さえに出たのである。

　だが、このときも春団治は春団治だった。自分の口に差し押さえの札を貼り、「落語家の口にフタはできません」とアピールしたのだ。

　新聞もこの騒ぎを大々的に報じた。世間はほとんど春団治に味方して、「春団治を寄席に出せ！」と声をあげた。吉本としては、メンツの問題としても簡単には折れるわけにはいかなかったが、それでも結果的には和解した。春団治の謹慎を解くと、寄席には客が殺到したという。

　一九三四年（昭和九年）には南地花月にＪＯＢＫが入り、寄席中継を行っている。寄席とラジオの思惑が一致して、はじめてタッグを組んだのがこのときだった。

「メディアと共存するか敵対するか」は、この頃から大きなテーマになっていたのだ。戦後、テレビが普及していく際にも同じように頭を悩ました。それでも結局、吉本は、テレビと手を取り合っていく方向性を見出《みいだ》している。

●大正時代に導入した「給料制」

時間を巻き戻す。

春団治がはじめて吉本の寄席にあがった翌年、一九二二年（大正十一年）に、吉本は所属芸人に対する「月給制」を導入している。

当時の寄席と芸人の関係性を考えれば、革命的なことだった。

借金している者なども多い、芸人の生活を安定させたいと考えたこと。金銭の出入りが計算しやすいようにすること。芸人がほかの寄席などに移っていくのを防ぐこと。これらも目的にしていたようだ。

人気などに応じて給金には差をつけた。それによって、競争心をあおろうという目論見《もくろみ》もあったのだろう。芸人たちの反発はありながらも、しばらくは月給制を基本としてやっていた。完全歩合制に移行したのは戦後のことだと考えられている。

給料制がいいのか、歩合制がいいのか。

歩合制の場合、会社と芸人でどう分配すればいいのかは難しい問題だ。

前章でも触れた岡本昭彦社長の会見においても、ギャラの配分は「ざっくりとした平均値でいっても五対五から六対四」になっているという発言が問題視された。

芸人からは、そんなはずはないという声があがっていたように、さすがにその表現では「ざっくり」しすぎている。

現実としてどうなのかといえば、これまたざっくりした表現になるが、ケースバイケースとしかいいようがない。先方の予算や会社が受け取る額、仕事の性質などを考慮しながら、「仕事を受けるか」、「ギャラをどうするか」を考えることもある。極端にいえば、それこそ九対一もあれば、逆の一対九もあり得る。

状況によっては「一円でもいいので、うちの芸人を使ってください」となる場合もある。名前も知られていない芸人であれば、たとえギャラがなくても、人前で何かができる機会を得られたなら、それが結果的に、プラスに働くこともあるのが現実だからだ。

令和の騒動では、「一円の支払い明細書」を提示した若手芸人もいた。一円の振り込みがあったというなら、そういうギャラが算出された仕事があったということなのだろう。

その仕事がどんなもので、吉本がクライアントからどれだけの額を受け取っていたかはわからない。事情を知る人間に聞いてみないと、なんともいえないことだ。だが、「九対一」で吉本は九円儲《もう》けさせてもらいました、などと言ってほしかった。

駆け出し芸人のギャラが安すぎるという批判もある。ただし、芸人たちはそれを自虐ギャグにもしているように、そういう現実に納得したうえでやっている場合がほとんどだ。言葉はきつくなるものの、カネにならないプロ未満の芸人であるなら仕方がない。

まったく知名度のない芸人が、何かのイベントに出演する際、「吉本興業の新人の○○です」と名乗りながら登場することもある。その場合、「吉本の看板」を自分の売りにできていることになる。シビアにいえば、その芸人にギャラを払うのではなく、看板使用料をとってもおかしくないくらいの話でもある。芸人のギャラが低くても、そこで吉本は看板に見合った利益を得ているわけではないのだ。

吉本が好きな芸人が吉本に残り、吉本は彼ら彼女らの成長を愛情をもって見守る。過去から現在まで、そういう関係性が続いているのだと思う。

他の事務所などでは、売れるまでは歩合制にしていて、売れはじめたときにやさしい言

給料制にしても、難しい面がある。

葉をかけて給料制にシフトさせるパターンも、なくはない。その場合、大きな収入を事務所にもたらすようになっていながら、芸人やタレントたちが得られるのは「安定」だけだ。経済面では大きな成功はできないことになる。

●いい意味での「合法的な人身売買」

いまの吉本のスタンスが、芸人に対してシビアすぎるとは思わない。

ケガや病気をした場合のことも考えて、最低保障をしておくような契約もある。

一時的に売れていながら落ち目になっている芸人も、やはりいる。そんな芸人に対しても、用済みといって簡単に切り捨てるようなことはしないのが吉本だ。以前ほどキラキラと輝いた舞台ではなくても、なんらかの仕事ができるように考慮する場合が多い。吉本興業をかばうわけではなく、それが実体だ。

増田《ますだ》晶文《まさふみ》氏の『吉本興業の正体』（草思社文庫、二〇一五年）の中で、中田カウスはこう話していた。

「吉本の実態なんてマネージメントという名の合法的な人身売買、テキヤ稼業の巨大化したもんですからね。そこらへんから涌《わ》いてきた芸人を酷使し、上前をゴソッと搾取することにより膨大な利益を得る優良企業――それがええ意味でも、悪い意味でも吉本の正体なんです。まさに、ホンマもんの〝興行〟の会社ですわ」

カウスの言葉は否定しない。しかし、これは吉本興業への愛情がこもった芸のある言葉だ。本人としても、「いい意味」で口にしている部分が大きいはずだ。

春団治が吉本の高座に上がるようになったあと、寄席には安来節《やすぎぶし》も登場させた。当時、人気になりかけていた安来節を寄席演芸場の出し物のレギュラーにしたいと考え、正之助は出雲《いずも》地方へスカウトに行っている。

安来節が人気だったのは、お色気へのニーズによるところも大きかった。この頃は、着物の裾《すそ》をあげて踊る女性たちのふくらはぎが見えるだけでも客が喜んだ、といわれる。

そうだとすれば、必ずしも熟練した芸人である必要はない。正之助は素人をスカウトしようと考えて、現地でオーディションを行っている。踊りがうまい子、踊りは下手でもかわいい子など、うまく使い分けて複数のチームを組んだ。この頃には、さらに寄席が増えていたので、そのチームをあちこちの寄席に派遣していったのだ。

当時、正之助がやっていたことは、いまでいうＡＫＢグループとも似ていたといえよう。

●関東大震災と「あおぞら花月」

安来節は大ヒットした。しかし、こうしたブームは長続きしないだろうと見越して、吉本では次なる〝商品〟を考えていた。その矢先に起きたのが、関東大震災である。一九二三年（大正十二年）九月一日のことだ。

被害の甚大さを知った泰三とせいは、正之助を東京に行かせることを決めた。

被災者救援のため、まず大阪で慈善演芸会を開いた。その売り上げで毛布二百枚などの慰問品を買い入れて、船で東京に運んだのだ。

従業員とともに東京に入った正之助は、現地では体を張って、家財運びを手伝ったりもしていたようだ。

この行動は、もちろん善意のものだ。それでも結果的には、東京の芸人たちのあいだに吉本の名を売ることにつながった。

この後、柳家小《やなぎやこ》さん、柳亭左楽《りゅうていさらく》、講談の神田伯山《かんだはくざん》といった大物たちが大阪に来て、吉本の演芸場に出演。翌年、神田花月《かんだかげつ》（一九二一年に手に入れ、吉本は東京進出を果たしていた）

を再開させると、やはり小さんや左楽らが舞台に上がっている。吉本と東京の芸人たちの関係を、良好なものにできたのだ。吉本とすれば、この関係性に助けられる部分も大きかった。

関東大震災に向き合った吉本の精神は、現代にも受け継がれている。

一九九五年（平成七年）、阪神淡路《はんしんあわじ》大震災が起きたときは私も吉本の社員だった。

あれだけの被害を目の当たりにしたとき、「何をすればいいのか、どう動けばいいのか」はなかなか判断がつかない。

阪神淡路大震災のあとにはテレビからお笑い番組が消え、一定期間、タレントの需要もなくなった。吉本としても、なかばビジネスは止まっていた。身内を亡くしたタレントや、家が倒壊してしまった芸人もいた。それでも、ただ打ちひしがれているのではなく、やれることがあるなら「やらなあかん」という思いは強くなっていた。

そこで、大﨑と私が考えたのが「あおぞら花月」だ。公園や校庭の隅っこでもかまわないので漫才や落語をやらせてほしいと働きかけて、十回ほど開催した。

若手の芸人が中心で、もちろんギャラは出せなかった。交通費だけを渡して、「違う仕事のときにはできるだけ払うから」と話していたのだ。ギャラの配分が九対一のこともあれば一対九のこともあるというのは、こうしたときも含まれる。その場に限っていえば、ゼロ対ゼロだったのに、文句を言う芸人はいなかった。

東京から来ている他社のタレントの中には、テレビカメラが回っている前だけ張り切っている人間も、いなくはなかった。地元の人間として、そうはなりたくなかったので、私たちはむしろ、マスコミの目を避けるようにしながら、「あおぞら花月」をやっていた。

阪神淡路大震災の経験があったので、東日本大震災のときにはすぐに動けた。このときは「あおぞら花月」の看板を掲げて表立って募金活動を行うなど、やり方を変えている。

阪神淡路大震災でも東日本大震災でも、計算をはたらかせていた部分はもちろんまったくなかった。芸人やタレント、社員全員でできることはみなやろうとした。

●〝女興行師〟せいと、彼女を助けた人々

関東大震災の翌年、泰三が急死した。心臓麻痺《まひ》だったとも脳溢血《いっけつ》だったともいわれる。三十七歳だったのだから早すぎた。

せいとのあいだには十人の子が生まれていたが、六人の子は早世していた。

せいが亡くなるのは一九五〇年（昭和二十五年）で、六十歳のときだ。亡くなるまで、

せいは〝女興行師〟として吉本王国を守りつづけていくことになる。そういう状況だったからこそ、実弟の正之助を頼りにしていたわけだ。

正之助とともに頼りにしたのが、先にも名前を挙げた、もう一人の実弟・弘高だ。林家は十二人兄弟で、せいは三女で、正之助は三男、弘高は四男（十一番目の子）だった。せいと弘高は十八歳離れていて、正之助と弘高は八歳離れている。

弘高は東京の大学専門部を修了したあと、一九二八年（昭和三年）に吉本興行部に入り、東京の営業責任者となっている。

一九三二年（昭和七年）には、吉本興行部を「吉本興業合名会社」と改組した。このとき、せいが代表となり、正之助が総支配人、弘高が東京支社長となっている。林家の姉弟がトップを占める体制が敷かれたわけだ。

同じ年、橋本鐵彦が入社している。創業一族ではない人が社長になった最初の人である。

私は、心斎橋に本社があった頃、何度か挨拶《あいさつ》をさせてもらった。会長のことを「正之助」、「独裁者」などとも呼んでしまえる人である（実際は「御大」と言うことが多かった）。吉本のベテラン社員たちが会長と同じくらい丁寧に接していたので、最初は〝何者なのか？〟と驚いた。

正之助会長よりは五、六歳下になるのに、生前の会長とはある程度、遠慮のない付き合いができていたのだと想像される。

吉本は、一九三二年に「浅草《あさくさ》十二階（凌雲閣《りょううんかく》）」の跡地にできた昭和座での興行を始めていた。その幕開けの芝居を書き、舞台監督を務めていたのが橋本だった。東京大学を出ているインテリであり、作り手側の人間である。

聞くところによれば、土足厳禁の畳の楽屋に椅子を持ち込んでいた正之助を橋本が注意したのが、ファーストコンタクトだったようだ。そのときはムッとしていた正之助も、弘高と二人でなかば強引に、吉本にスカウトしたのだ。

入社後の橋本は、文芸部、宣伝部、映画部を立ち上げるなど〝吉本の頭脳〟として昭和の吉本を引っ張った。

「上方漫才の父」と呼ばれることにもなる、漫才作家の秋田實《あきたみのる》らが吉本に入ってきたのも橋本がいたからこそだ。

吉本では、一九二二年（大正十一年）から『演芸タイムス』というPR冊子をつくっていたが、橋本は入社翌年にPR誌『吉本演芸通信』を発行。一九三五年（昭和十年）には、さらに情報誌に近づけた『ヨシモト』を創刊した。

この『ヨシモト』は『マンスリーよしもと』の前身といえるのだから、『マンスリーよしもと』初代編集長である私としては、才能などは足元にも及ばないが、つながりを感じる。

●万歳から万才、そして漫才へ

安来節が人気で、吉本興業の勢いが止まらなくなっていた頃から、落語の人気にはかげりが見えてきていた。

そこで、目をつけたのが「万才」である。もともと民俗芸能だった「万歳」が寄席演芸となり、やがて「万才」という字が使われるようになった。その娯楽性が高まってくると、古典芸能よりも肩ひじ張らずに楽しめると、人気になってきたのだ。

一九二七年（昭和二年）八月にまず、松竹と提携して『諸芸名人大会』を開いた。諸芸といっても、実質的には万才大会だった。

『諸芸名人大会』が成功したので、十二月には『全国萬歳《まんざい》座長大会』を開催した。

その後も万才を推していき、一九三〇年（昭和五年）には千日前《せんにちまえ》で『万歳舌戦大会』を開催している。この時期は「万才」や「萬歳」の表記が入り交じっていた。

この大会では、入場料を払うと「投票権」が与えられ、お客さんの投票によって人気番付を決めるシステムになっていた。公演期間は十日で、三日目からは新聞紙上で途中経過も発表された。順位をあげるために親類縁者に頼む者もいれば、客席を回る者もいたという。『万歳舌戦大会』は、『M－1グランプリ』の先駆けだったといってもいい。『AKB48選抜総選挙』に通じる面もあったといえるだろう。

この頃、吉本では「十銭万才」も始めた。「大阪唯一の萬歳道場」と謳《うた》っていた南陽館《なんようかん》の入場料を、十銭均一にしたのだ。五十銭、六十銭といった木戸銭をとる寄席もあった中で、十銭は破格の安さだった。当時、きつねうどんがそれくらいだったというから、いまでいう五百円くらいの感覚が近いだろうか。

一日三回の興行に客が押し寄せた。南陽館の席数は二百ほどだったのに、一日の入場者数は千八百人にまでのぼった。学生やサラリーマン、インテリ層までが「安価な息抜き」として寄席に来るようになったのだ。

この十銭万才によって、大衆に漫才人気は広がった。

さらに大きかったのは、この年、「横山エンタツ・花菱《はなびし》アチャコ」のコンビが誕生したことである。正之助がプロデュースしたコンビだったといっていい。

エンタツ・アチャコの万才は、それまでの万才とはまったく違う新しいものだった。着物ではなく洋服で舞台に上がり、「キミ」「ボク」と呼び合う。歌も踊りもなく、「しゃべり」だけで勝負する。話のテーマを「日常」にしていたのも、それまでの万才にはないことだった。

はじめて登場した際は不評だったともいわれるが、すぐに人気は爆発した。春団治のラジオ初出演の少し前のことだ。その後、ラジオの寄席中継が行われるようになったときも、エンタツ・アチャコが登場して「早慶戦」を披露している。「早慶戦」は、当時、人気だった大学野球をネタにしたもので、この放送前にはレコードにもなっていた。

「はじめてエンタツ・アチャコを見たとき、とてもショックを受けたんだけど、同時にこれからは万才も脚本の時代だと思いました」と、橋本は振り返っている。そこから万才(漫才)のための作家が誕生していったのだ。

それまで寄席一筋でやっていた吉本は、この頃から、ラジオ、レコード、映画、雑誌も利用するようになっている。いまでいうところのメディアミックスに近いことを展開していったのだ。それができたのも橋本の存在が大きかった。

先にも書いたように、万才に「漫才」という字を当てることを発案したのも橋本だ。この人が発行した『吉本演芸通信』の中で、「漫才」という字を使うようになったのが最初である。万才と書くならともかく、万歳と書けば、万歳三唱のバンザイが思い浮かべられやすい。この字を当てていると、厳粛で硬い印象もある。橋本が漫才という字にしてはどうか、と考えたのは、当時、漫談も人気だったからのようだ。そのため、漫才としたほうが親しみやすいのではないかと判断したのである。また動く「漫画」、それが「漫才」という言い方もあったようだ。

『M－1グランプリ』の前身といえなくもない『万歳舌戦大会』が開催された一九三〇年（昭和五年）。漫才という表記が生まれた一九三三年（昭和八年）。エンタツ・アチャコの「早慶戦」が全国のラジオから流された一九三四年（昭和九年）などは、漫才史においては特別な意味を持つ年だといえる。

橋本のあとを継いで社長になった八田竹男が、よく口にしていた言葉がある。

「この仕事、大衆より半歩、先を行け。同じところでは遅すぎる。一歩先では行きすぎる。この加減が肝心だ」

実際の吉本興業はどうだったろうか？　吉本という会社は、創業当時からやることすべてが時代を先取っていたような気がしてならない。

●『マーカス・ショウ』を招聘した林弘高

林弘高の功績も大きかった。弘高がやったことの中には、日本の芸能史に太字で刻まれて然《しか》るべきものがある。

なんといっても特筆すべきなのは、アメリカの『マーカス・ショウ』を招聘《しょうへい》して、東京の日本劇場での公演を実現させたことだ。これをやったのが一九三四年（昭和九年）だ。ショーガールズにコーラスガールズ、プリマドンナ、バレリーナ、タップチーム、道化役者にアクロバティックチーム……が次々に舞台に上がり、歌や踊り、寸劇などを展開していく。絢爛《けんらん》豪華なショーである。メンバーの中には後に俳優、ダンサーとして活躍した若き日のダニー・ケイもいた。

関係者から招聘の売り込みを受けた弘高は、資料写真などを見ただけで、このショーがどれだけすごいものであるかを理解した。すぐに東京から大阪へ電話をかけて、せいを口説いたといわれる。

当時の日本人にとっては「ハダカ踊り」に見えるようなものも含まれていたため、「そんなものを帝都でやらせるわけにはいかない」と、内務省や外務省からは反対の声があがったという。実際、公演前には警視庁興行係員による検閲が行われ、「ズロースの下は股《また》下《した》二寸以上」にして、「ヘソや乳房はむき出しにしないで乳バンド（ブラジャー）を着用すること」など、厳しい干渉を受けた。そのため、ショーでは本来の衣装ではない白布を腹部に巻くこともあったのだ。

『マーカス・ショウ』の名物のひとつである「銀箔《ぎんぱく》塗りの裸女」というショーにしても、乳房やヘソを隠したうえで、全身を銀粉で塗りつぶしていた。それでも全身の曲線はあらわになるので、当時の日本人はヌードを見るのと変わらない刺激を受けたといわれる。

『マーカス・ショウ』については、多くの証言や評論が残されている。それらの資料を見れば、すさまじい人気を博していたことや、この後の日本のショウ文化に与えた影響が計り知れないほど大きなものだったことがわかる。

吉本でも、翌年から『吉本ショウ』をやっている。

『吉本ショウ』では川田《かわだ》義雄《よしお》（のちの川田晴久《はるひさ》）を中心とした、「あきれたぼういず」が活躍。日本のコミックバンドの元祖的存在として人気を博した。

弘高の発案によって、吉本興業が「大日本東京野球倶楽部」に出資して株式を保有していた事実も、あまり知られていないのではないだろうか。

『マーカス・ショウ』を招聘したのと同じ、一九三四年のことだ。タイガースファンの大阪人が聞いたら怒るかもしれない。大日本東京野球倶楽部とは、のちの読売巨人軍である。この年、ベーブ・ルース、ルー・ゲーリッグらを擁するメジャーリーグ選抜チームが来日して、全日本チームと各地で対戦する興行が成功していた。それを受けてつくられたのが、「大日本東京野球倶楽部」だった。こうした段階で迷わず、「商売になる」と考えられる嗅覚《きゅうかく》があったのだろう。それが弘高のすごいところだ。弘高は、ベーブ・ルースのサインボールを持っていたともいう。弘高の嗅覚は、戦中戦後も大いに吉本を助けることになる。権利を手離さなければ、〝吉本巨人軍〟だったかもしれない。

●お前の命を取るが、それでもええか!

少し話を戻すと、漫才の成功は思わぬ事態も生み出していた。

先にも書いた『諸芸名人大会』は松竹と提携して開催したものだったが、これが成功すると、松竹のほうでも、漫才はこれから大きなビジネスになると気がついたようだ。吉本所属の漫才師を引き抜きにかかったのだ。

指をくわえて引き抜き行為を見ていられないと、立ち上がったのが正之助である。

このときの様子は『吉本八十年の歩み』にもまとめられている。

少し引用させてもらう。


「正之助はすぐさま、松竹の事務所へ乗り込んだ。当時、松竹は弁天座を含む道頓堀五座［浪花座、中座、角座、朝日座、弁天座の5つの芝居小屋］すべてを手中に収め、歌舞伎や新劇など、芝居ではわが国最大の興行会社であった。

対する吉本は、大阪をはじめ、東京、横浜、名古屋、京都、神戸に三十軒の寄席を所有し演芸の世界では一大勢力にのし上がっていたものの、松竹に比べると、まだ見劣りがした。格が違った。

しかも、松竹の社長——白井松次郎はそのとき五十歳、正之助は二十八歳の若造だった。『萬歳が当たったたと思うたら、すぐ裏へ回って芸人の引き抜きにかかるとは、何ごとや。大松竹のすることとか。俺が飯を喰えんようになったら、お前の命を取るが、それでもええか』

正之助は迫った。気迫に圧倒されて、白井は非を認めて謝った。そして、

『吉本の芸人には、今後いっさい、手を出さない』

という証文を書いた」

お前の命を取る——というのも、気魄《きはく》がこもった言葉だ。

竹本浩三《たけもとこうぞう》氏がまとめた『笑売人 林正之助伝 吉本興業を創った男』（大阪新聞社、一九九七年）によれば、このときに正之助が切ったというタンカは、さらにきわどい。

「刺し違えても吉本の楯になる覚悟で伺いましたんや」

「仮に刑務所にブチ込まれても吉本を守ります」

いまの世の中であれば、こんな言葉を口にした時点で間違いなくアウトだ。

ビッグボスは、この頃から熱くて怖い人だったのがわかるエピソードではある。それだけ吉本を愛していたのだともいえる。

創業夫婦がいて、正之助がいて弘高がいた。

さらに、橋本などのスタッフも一族を助けた。そして、春団治やエンタツ・アチャコをはじめ、芸を愛し、吉本を愛する芸人たちがいた。

そんな人たちの想いが、創業期の吉本興業を育てたのである。

第三章　戦時をくぐり抜けて

●慰問団「わらわし隊」と、戦地の悲劇

明治創業の吉本興業の歴史をたどれば当然、戦争の記憶や傷跡は多く見つかる。

はっきりと戦争に結びついているのが、戦争慰問だ。

一九三一年（昭和六年）、満州《まんしゅう》事変が始まったあと、満州駐屯軍の慰問に芸人を送り出したのが最初になる。

小規模な編制ながら慰問団にはエンタツ・アチャコも含まれていた。朝日新聞と提携したものだったので記事になることも多く、エンタツ・アチャコの名が、全国に知れ渡るきっかけにもなった。エンタツ・アチャコは、この二年後の満州慰問にも参加している。

一九三七年（昭和十二年）に日中戦争が始まると、翌年、やはり朝日新聞が慰問団の派遣を企画した。このときから、吉本の慰問団は「わらわし隊」を名乗るようになる。航空隊が「荒鷲《あらわし》」と呼ばれていたのをもじって「笑鷲隊」としたのだ。

その後も、わらわし隊は何度か編制されて、戦地へ派遣された。規模も最初より大きくなっていき、四十人を超える芸人たちが、一度に戦地へ出向いたこともある。

マスメディアがこぞって戦争協力をアピールしていた時代であり、わらわし隊の動向は新聞でもよく取り上げられた。慰問から帰国したあとは、日本の劇場でも歓迎されたよう

だ。戦地での体験をネタにすると喜ばれたという。

しかし、一九四一年（昭和十六年）の慰問では、悲劇が起きてしまう。わらわし隊には括《くく》られなかった小さな慰問団が、移動中に敵軍の襲撃を受けたのである。その際、桂金吾《きんご》と夫婦コンビを組んでいた花園愛子《はなぞのあいこ》が、撃たれた将校を抱き起こそうとして、自らの大腿部《だいたいぶ》にも二発の弾を受けてしまった。なかなか治療を受けられなかったため、四時間ほどあとに、出血多量で息を引き取っている。このため、花園愛子は靖國《やすくに》神社に合《ごう》祀《し》された。女性漫才師で合祀されているのは、彼女しかいない。

この襲撃を受けた際には、他の芸人たちも銃を手に取り、手榴弾《しゅりゅうだん》を投げるなどして、交戦したという。戦地に行くというのは、そういうことではあるのだろう。しかし、人を笑わせるのを目的にしていた芸人が、武器を手に取らざるを得ない状況に追い込まれるというのは、あってはならないことだった。

慰問団の派遣は、全国に吉本の名を売り、戦地の兵隊たちを大いに喜ばせていたものの、こうした犠牲を出してしまっていたのだ。

誤解をおそれずにいうなら、わらわし隊は吉本興業と朝日新聞が組んで行っていた戦時におけるビジネスにもなっていた。

やるべきではなかった、と言いたいわけではない。

吉本としては、利潤などを目的にしていたわけではなくても、結果的に慰問団を派遣するメリットは小さくなかったということだ。

泰三とせいの二人が寄席経営に踏み切った時点から、「人を笑かすこと」は常に吉本興業の上位概念にあったのだと思う。それは、企業理念と呼んでもいいものだ。

つまり、人を笑かすという目的をかなえるために、寄席や劇場を買い、芸人とのコネクションをつくっていくなど、ビジネスを展開していったということだ。

それにより、寄席に集まってくれた人を笑わす……。大阪の人たちを笑わす。日本中を笑わす。すべての人類を笑わすことを、目指していく。

「儲《もう》けること」を考えるのは、企業として当然である。「人を笑かすこと」は上位概念としたうえで、「そのために儲けている」と考えれば納得しやすいのではないだろうか。

戦争慰問にしても、そうだ。名を売ることを目的にしていたのではなく、戦地で苦労している人たちを笑かしたい、ということから派遣を決めたにちがいない。それがビジネスとも結びつき、プラスがもたらされたということだ。

そういう見方をしなければ、「やっぱり吉本は、オイシイ話には目ざといなあ」、「そんなにカネを儲けたいんか」と言われてしまいかねない。吉本が戦地に慰問団を送り出したのは、決してそれだけのことではなかったはずである。それは、吉本の企業理念に基づいての行動であったと私は信じている。かく言う私は、この「わらわし隊」の足元にも及ばないが、一九九〇年（平成二年）、河内家菊水丸《かわちやきくすいまる》とともに、イラク・バグダッドへ人質奪回に向かった。国会議員のアントニオ猪木《いのき》の声掛けで「スポーツと平和の祭典」が開催され、そこで、河内音頭を披露した。人質解放後、四十日ほど経って湾岸戦争が始まった。

●戦争ですべてを失った

戦争によって吉本は、もちろん苦しみもした。

戦争に「統制」はつきものである。日中戦争が始まってまもなく、浅草花月劇場で行われていた『吉本ショウ』は、戦時色の強い演題になっている。「祖国十二景」、「陸戦隊六景」などがそうだった。

太平洋戦争が始まると、芸人たちも戦意高揚のプロパガンダに利用されていった。

戦況が悪化していく中では、休館を余儀なくされる劇場も増えていった。出征による芸人不足という問題もあった。地方公演や地方慰問も続けていたものの、次第に難しくなっていったのだ。

そのうえ、空襲が激しくなっていったことにより、所有劇場のほとんどが焼けてしまった。吉本に限らず日本中がそうだったとはいえ、戦争によるダメージは甚大だった。

大阪、東京の大規模な空襲では、裏手に本社事務所を移していた大阪花月劇場が火災に遭い、東京では、神田花月、江東《こうとう》花月も焼失した。

全国規模の空襲は長く続いたので、所有劇場のほとんどが焼かれてしまった。無傷だったのは京都花月劇場と、京都市新京極《しんきょうごく》の富貴《ふうき》くらいだったのだ。

「演芸王国」を築いていた吉本は、戦争によってすべてを失ってしまったともいえる。

戦争とは直接関係ないが、失ったのは劇場だけではなかった。

太平洋戦争が始まる前、せいは通天閣を買収していた。せいが望んだといわれている。大阪のシンボルを手に入れることで、吉本の名をあげたい気持ちがあったのかもしれない。

しかし、一九四三年（昭和十八年）に通天閣の真下にあった映画館から火災が起こって類焼し、復旧困難になってしまう。そこで解体に踏み切り、「軍需資材」として大阪府に献納したのだ。ほかに選択肢がない時局だと考えたなら、戦争で失われたともいえなくはない。

ただし、三百トンにもなったその鉄屑《てつくず》は軍事施設に運ばれながらも、放置されたまま錆《さ》びていった。鉄砲の弾や戦闘機などに使われることはないまま、終戦を迎えたのだ。

「通天閣の鉄が、人を殺す道具にならなかったことだけが小さな喜びです」

と、せいは振り返っている。

参考のために記しておけば、いまの通天閣は、一九五六年（昭和三十一年）に建てられた二代目である。場所も初代通天閣が建っていたところからはズレていて、現在の通天閣に吉本は関与していない。せいが買った初代通天閣は一九一二年（明治四十五年）の建造。パリのエッフェル塔をイメージしてつくられたもので、凱旋門《がいせんもん》の上にエッフェル塔を載せたような、けったいな建物だった。

●仁義なき「引き抜き戦争」

戦前戦中、本業のほうでも血なまぐさい話がなかったわけではない。

昭和に入ってすぐ、漫才人気が出てきた中で、正之助が松竹の白井《しらい》社長のもとに怒鳴り込んだことについては前章で書いた。少し補足すると、吉本が東宝と提携を組んだことで、松竹とは対立することとなった。映画会社の敵対関係が、演芸界での対立という「代理戦争」になってしまったのだ。

このとき、「演劇は松竹、演芸は吉本」ということで、話はついていたはずだった。それにもかかわらず、事情が違ってきたのだ。

日中戦争が始まり、映画の上映本数が制限されるようになると、映画館ではその穴埋めにアトラクションを行うようになり、松竹も芸人を求めた。そこで、松竹資本の新興キネマ演芸部が、吉本の所属芸人を引き抜きにかかったのである。

『吉本八十年の歩み』にもこう書かれている。

「表向きの相手は新興キネマである。だが、その裏には松竹が控えている。十二年前、松竹は正之助に一札書かされているから、表立った動きはできなかった。

そこで新興キネマの京都撮影所に、あらゆる演芸人を包括する演芸部を新設し、吉本興業の芸人を引き抜きにかかった」

「吉本と新興キネマの間ではいざこざが続き、裁判沙汰にまでなった。ヤクザが絡み、警察が出動する騒ぎも起こり、泥仕合の様相を呈した」

大ごとである。まさに引き抜き戦争だ。これが、先に書いた「代理戦争」の実態だったのだ。

新興キネマ（松竹）の武器は札束で、吉本のギャラの数倍から十倍にもなるギャラが提示されたという。

このとき新興キネマ側で暗躍していたのが、バンジュンこと伴淳三郎《ばんじゅんざぶろう》だった。預かった大金を吉本の芸人たちの前に積み上げ、移籍するように説得していたという。大資本をバックにしているからこその実弾攻撃だ。

「アジャパー」で知られるバンジュンが、そういう役割を果たしていたというのも、違和感はある。これも時代というものだ。

この引き抜き戦争があったのが、一九三九年（昭和十四年）のこと。あきれたぼういずのメンバーもごっそり引き抜かれて、あきれたぼういずという名前までも奪われた。川田義雄だけは残ったので、実弟の岡村龍雄《おかむらたつお》らと新たなグループをつくり、「川田義雄とミルク・ブラザース」と名乗ることになった。

「不世出の才女」ともいわれたミスワカナと元楽士・玉松一郎《たままついちろう》の人気コンビも、引き抜かれた。このコンビは、エンタツ・アチャコに次ぐ人気を誇っていたのだから、吉本興業のダメージは、相当なものだった。

正之助会長から聞いた話によれば、のちに、ミスワカナは「戻ってきたい」と謝ってきたそうだ。しかし、「いっぺん出ていったんやから、お前はお前でやっていけ」と、受け入れなかったのだという。ミスワカナは、正之助が育てた芸人である。それでも、他の芸人に対する体面などを考えれば、彼女だけを受け入れるわけにはいかなかったのだろう。

ミスワカナは疲労を誤魔化すためでもあったのか、「ヒロポン中毒」になっていたともいわれている。三十六歳の若さで心臓発作を起こし、阪急西宮北口駅《にしのみやきたぐちえき》のホームで倒れて亡くなった。

現在、吉本と松竹のあいだに因縁などは残っていない。ただし、そうは思っていない外野の人はいるようだ。

そのため、松本人志の監督映画『大日本人』（二〇〇七年公開）が、吉本興業の製作、松竹の配給となったときには「歴史的和解ではないか！」などと言う人もいた。

実際のところは、とくに複雑な事情などは何もなく、すでに公開当時でも七十年近くも経っているのだから、引きずっているものはない。

●山口組二代目組長は吉本興業のために命を失った

松竹とは関係ないが、ちょうどこの時期に、せいは山口組二代目の山口登組長と接触を持つことになる。

浪曲師、広沢虎造《ひろさわとらぞう》の興行権を求めたのがきっかけだった。

虎造は、『清水次郎長伝』の「馬鹿は死ななきゃなおらない」や『石松三十石船道中』の「寿司食いねえ」を流行語にするなど、たいへんな人気を誇っていた。その虎造と専属契約を結びたいと考え、山口組を頼ったのだ。浪曲の興行はおよそ、ヤクザとつながる興行師が仕切っていたからだ。山口組はまだそれほど巨大な組織ではなかったものの、この頃には「山口組興行部」をつくっていた。

せいが山口登組長にはじめて会ったのは、一九三四年（昭和九年）だといわれている。虎造と契約できたのは、一九三八年（昭和十三年）のこと。前段階にどんな話し合いがあったかはともかく、せいが直接、虎造の家を訪ねて行って話し込み、吉本の直営館に出演してもらえるようになったと伝えられている。

翌年には、映画出演に関してのみ吉本と専属契約を結び、次の年には三本の映画に出演している。

吉本は「P.C.L.（のちの東宝）」と提携して、一九三六年（昭和十一年）にエンタツ・アチャコ主演の『あきれた連中』を製作・公開するなど、映画にも進出するようになっていた。吉本の歴史を振り返れば、戦中戦後はとくに映画との関わりが強かった。

だが虎造は、吉本との契約を破ってしまう。山口県下関《しものせき》の籠寅《かごとら》組と縁ができたことから、新興キネマの作品にも出演する約束をしてしまったのだ。吉本側とすれば認められることではないので、やはり山口組に仲介を依頼した。

そこで、山口組と籠寅組の関係がこじれたのである。

山口登組長は、籠寅組の人間に襲撃されて重傷を負ってしまう。十八か所、斬られたともいわれる。これが、一九四〇年（昭和十五年）のことだ。命は取りとめたものの、二年後に亡くなった。このとき負った傷が原因だといわれている。

このことは、吉本興業と山口組の関係を引き裂くことにはならず、両者の関係は以降も続いた。

山口組は三代目の田岡一雄組長に継承され、山口組興行部は「株式会社神戸芸能社」となっている。正之助と山口組の関係は、ますます深まっていったのだと考えられる。

私が『マンスリーよしもと』の取材で正之助会長に聞いたところによれば、山口登組長が襲われた現場には、正之助も行く予定になっていたのだという。

「用事があって三十分遅れたんや。そのあいだに二代目が刺されて、その傷がもとで亡くなってしまうねん。遅れなんだら、わしも危なかった」

私がその話を聞いたときには、当時の詳しいいきさつを知らなかったので、つい〝ほんまですかあ？〟と聞きたくなった。もちろんそうは言えず、「そうだったんですか」と頷《うなず》き、心の中で疑っていた。

あとからこのときの状況を知って、驚いた。正之助がその現場に居合わせた可能性があったかはともかく、虎造をめぐる山口組と籠寅組の諍《いさか》いから山口登組長が襲われたのは、間違いない事実だと知ったからだ。

その傷がもとで山口登組長が亡くなったということは、複数の文献に記されている。いわば史実だ。その揉《も》めごとの端緒はせいの依頼にあったのだから、申し訳ないような怖いような話である。

●吉本でも活躍したミヤコ蝶々と江利チエミ

戦中の一九四三年（昭和十八年）、ミヤコ蝶々《ちょうちょう》が吉本に入っていたことを知らない人も多いのではないだろうか。

ミヤコ蝶々は、父親がつくった芝居一座の座長となり、漫才に安来節、剣舞、バレエなど、さまざまな芸を身につけていた。その意味でいえば、やはり安来節を身につけていた芸達者のミスワカナにも似た面があった。そのためだったのか、ミスワカナが一九四六年(昭和二十一年)に亡くなると、ミヤコ蝶々が「二代目ミスワカナ」になっている。ただし、初代ミスワカナの存在が大きすぎたからか、二代目としての活動は短かった。その後は、南都《なんと》雄二《ゆうじ》と夫婦《めおと》漫才を始めている。

ミヤコ蝶々といえば、『夫婦善哉《めおとぜんざい》』(ラジオ放送からテレビ放送になった長寿番組)などが有名だ。しかし、それ以前にはこうした芸歴があったのである。

江利《えり》チエミの存在も、吉本にとっては大きかった。美空ひばり、雪村《ゆきむら》いづみとともに「三人娘」と呼ばれた一人だ。

江利チエミは、父親の久保《くぼ》益雄《ますお》が『吉本ショウ』のピアニストなどをやっていた縁からデビュー当時、吉本に所属していた。天才少女といわれていた彼女は、戦後まもなく芸能活動を始めた。一九五二年(昭和二十七年)に『テネシーワルツ』でレコードデビューして、大ヒットさせた。

翌年、アメリカでも成功。その年のうちに帰国すると、世界的人気を博していたコーラスグループ「デルタ・リズム・ボーイズ」と、ジョイントコンサートをひらいた。このステージには当時、慶應大学の学生だった「ダークダックス」も、バックコーラスとして参加している。

江利チエミ凱旋公演の絵を描いたのも、林弘高だった。

弘高は『マーカス・ショウ』を招聘《しょうへい》したあと、一九三八年（昭和十三年）には、翌年開催されるニューヨーク万博のため日本館の嘱託として、欧米視察の旅にも出ている。約一年間、世界中を回っているのだ。

アンテナの精度が高く、当時の日本人にはない発想ができていたのだと考えられる。

正之助と弘高のあいだに表立った確執はなかったのかもしれないが、二人のキャリアを振り返ったときには、いかにも光と影に分かれる印象が強い。光は弘高で、キラキラとまばゆい。正之助を影というのはためらわれるものの、叩《たた》き上げ中の叩き上げである。そのうえ早くから、切った張ったの世界に立ち会ってきていた。

私が知る範囲でいえば、正之助会長が弘高をほめるような言葉を口にしたのを聞いたことがない。十八歳で吉本に入るまでは、呉服屋の丁稚《でっち》に出ていた正之助である。自分が苦労して弘高を大学専門部まで行かせて、「海外視察にまで送り出したのではないか！」という気持ちもあったのではないだろうか。

『吉本興業百五年史』では、私も同席した弘高の長男である林英之《ひでゆき》氏のインタビューも掲載している。少し引用させてもらうと、父・弘高と正之助の関係についてはこう話している。

「正之助さんと父は仲が良いのか悪いのか、二人の話は市井の漫才みたいだった。ホントは仲が良かったんでしょうね。しかし、父は大学専門部出、正之助さんは小学校しか出ていない。正之助さんは父に対してコンプレックスはあったのではないでしょうか。だけど、お商売としては正之助さんの方が上でしたよね。父はアイデアマンだった。自分はアイデアを育て、実利を得るのは兄貴に任せていた感じだった。父は10人兄弟の末っ子（注：正しくは十二人兄弟の十一番目の子）。二人の年齢は10歳近く離れていて、二人が喋っているのを見てると、正之助さんは〝お兄様〟ですから、父は『ハイ、ハイ』という感じで可笑しかったですよ」

微妙な関係性ではあったのだろう。兄弟で最強タッグをつくれていた可能性も、なくはなかったはずだ。しかしその一方、摩擦が起きてしまうのも必然だった気がする。

●力道山ブームも弘高の功績!?

戦後の吉本は、プロレス興行にも関わっている。

アメリカで修行していた力道山《りきどうざん》が帰国し、「日本プロレス協会」を設立して行った初興行に協力したのだ。一九五四年（昭和二十九年）に「シャープ兄弟」を招聘して全国を回った歴史的な興行が、そうだ。この年に設立された「日本プロレスリング興業株式会社」では、正之助も弘高も取締役になっている。

その後、プロレスが大ブームとなり、「街頭テレビといえば力道山のプロレス」と、即座に結びつけられるほどになった。

一九五七年（昭和三十二年）には、ルー・テーズとNWA世界ヘビー級選手権を行い、後楽園球場を満員にした。このタイトルマッチの第二戦は、大阪市北区《きたく》の扇町《おうぎまち》プールで水を抜いたプールにリングを設営して行われた。三万人を超える観衆が、詰めかけている。

力道山のプロレス興行に関しても、吉本興業では正之助の功績として語られてきた。だが実際は、最初の全国興行を実現できたこと自体、弘高の存在が大きかったのだ。

弘高は、力道山がアメリカへ武者修行へ旅立つ前に知り合っていた。そして、力道山がアメリカで名をあげて帰国した際には、東京吉本の人間と「祝凱旋」という横断幕を掲げて、羽田《はねだ》空港で迎えていたのだ。この段階でもまだ、日本で興行を打つことに不安を持つ関係者は多かったそうだ。そういう中で、弘高が「うまくいくのではないか」と関係者たちに助言して、興行が決まったのだという。だとすれば弘高は、日本にプロレスを広めた功労者の一人だったことになる。

また、戦前から吉本が映画製作に関わるようになっていた中でも、弘高が果たした役割が大きかった。

弘高と橋本鐵彦がいたからこそ、この後も吉本は映画に力を入れていったのだ。

戦後の一九四七年（昭和二十二年）に吉本興業は、東宝、日活、東横映画、東急などとともに、「株式会社太泉《おおいずみ》スタジオ」を設立して、弘高が社長に就いている。

太泉スタジオは、貸しスタジオとしてスタートして、後には自社映画も製作。「太泉映画」と名称を改め、東映の前身になっている。東映は、一九五一年（昭和二十六年）に太泉映画、東横映画、東京映画配給の三社が合併して発足した会社だ。

太泉スタジオを使用しての第一弾製作映画は『タヌキ紳士登場』で、太泉映画と名を変えてから製作され、一九四八年（昭和二十三年）に公開されたのが、『肉体の門』である。『肉体の門』は、田村泰次郎《たむらたいじろう》が書いた戦後初のベストセラー小説で、劇団「空気座」による舞台が話題になったあと、弘高が映画化の権利を取得した。このとき「吉本映画株式会社」を設立している。

パンパンガールと呼ばれた私娼《ししょう》たちの生きざまを描いた、問題作である。内容が過激だったこともあり、当初は、大阪吉本が運営する映画館での単館上映となった。だが、評判となってから全国上映されることになり、大ヒットしたのだ。

この後も弘高は、自身が言うところの「愚策」も含めて、東映に合併されるまでに十九本の映画をつくっている。

ただし……。

「理想に向けて突進したが、見事に失敗した」というのが、のちに弘高が自身の映画製作について総括した言葉だ。

トータルで見れば、映画に関わる事業は成功といえるものにはならなかったのだ。それでも弘高が、映画に限らず、さまざまなかたちで吉本興業に新たな方向性を示していたのは確かである。

●戦後にはキャバレーも経営！

少し話を戻す。終戦直前、吉本では演芸陣を解散していた。ほとんどの劇場が空襲で焼かれ、公演を行うどころではなくなっていたからだ。解散に際しては、貸金を帳消しにすることを、退職金がわりにしていた。

終戦は、一九四五年（昭和二十年）八月十五日。

二週間後に東京では、浅草花月劇場を再開させている。

大阪の再開は九月十五日だった。空襲で燃えてしまっていた大阪花月劇場で、かろうじて焼け残っていた舞台の周りをバラックのように囲って公演を行った。だが、終戦直後の寄席にお客さんは集まらなかった。しばらくは芝居や漫才大会などを開催していたが、一九四六年（昭和二十一年）には演芸場を映画館に転換することになったのだ。

戦後の吉本は、「洋画ロードショーの上映館」を運営することで会社を存続させていたのである。

また、京都府からの要請を受けて、進駐軍の将兵専用のキャバレーも開店していた。こちらのオープンは、終戦の年の暮れである十二月二十七日のこと。祇園《ぎおん》甲部歌舞練場を改装して、ダンスホール付きの「グランド京都」としたのだ。催しはバンド演奏が中心になっていたので、江利チエミや美空ひばりもこのキャバレーで舞台に立っていた。

このキャバレーは一般営業ではなかったので、値段なども自分たちでは設定できず、大きな赤字を出すことになってしまった。

当時の様子を知る先輩社員の話を、聞いたこともある。

「キャバレーは本業でもないのに、頼まれたからやっただけなんや。あほらしいから、いつもビールをパチって、持って帰っとった。飲まずにテーブルに残ったビールをこっそりともらっとったんや。一度ケースごと持って帰ったのがバレて問題になったこともあったんやけどな」

その話を聞かされたときは、大先輩に対して「何してますのん」とツッコんでしまった。だが、この頃のビールは、一般の日本人が簡単に飲めるものではなかったという。だとすれば、当時の社員がこんなことをしていた気持ちもわからなくはない。

「ホステスさんには三輪車で競走させたりもしていた」とも言っており、実際の写真も見たことがある。

進駐軍が、我が物顔で好き勝手していた様子が目に浮かぶ。そのツケが、吉本に回されていたようなものだったのだ。

●吉本の企業化とせいの死

一九四八年（昭和二十三年）には、それまで合名会社だった吉本興業は株式会社になっている。この年のうちに、せいを会長、正之助を代表取締役社長、弘高を専務にする体制を整えた。翌年には、大阪証券取引所に上場している。

不動産を所持していて映画館を運営していたから、これができたのだ。いまの吉本があるのも、そのためだ。

一九六一年（昭和三十六年）には、東京証券取引所にも上場している。戦後の苦しい中にあっても、〝企業化〟は進められていた。

戦後の動きでいえば、アチャコの活躍も見逃せない。NHKラジオのドラマを立て続けにヒットさせたのだ。一九五二年（昭和二十七年）から一九五四年（昭和二十九年）まで放送された『アチャコ青春手帖《てちょう》』、一九五四年から、なんと一九六五年（昭和四十年）まで放送された『お父さんはお人好《ひとよ》し』などがそうだ。これらの作品は映画化もされ、やはり大人気になっている。

終戦直前に演芸陣を解散した際にも、アチャコだけは専属契約を解消しなかった。一九七四年（昭和四十九年）に亡くなるまで、専属でいつづけたのだ。創成期から戦中戦後まで、吉本にとってアチャコの存在はとにかく大きかったといえる。

そんなアチャコの活躍を、せいは見届けられなかった。

吉本興業が株式会社になった二年後にあたる、一九五〇年（昭和二十五年）三月十四日に亡くなったのだ。

もともと結核を患っており、会長に就任した頃には自宅で療養することが増えていた。この三年前に、せいが吉本を託すつもりでいた次男の穎右《えいすけ》氏が、やはり結核で亡くなっていた。ショックが大きすぎたのだろう。穎右氏が世を去ってから、目に見えて弱っていったともいわれている。実は穎右が亡くなった約二週間後には、彼の長女が生まれている。母親は時の大スター、笠置《かさぎ》シヅ子《こ》である。

せいの社葬は天王寺《てんのうじ》区《く》の四天王寺《してんのうじ》で行われ、約千五百人の弔問客が境内を埋め尽くした。このときアチャコは、涙を流しながら弔辞を読んでいたという。

●「ボウル吉本」オープン！

ボウリング場の経営も、吉本を助けた。

時期的にいえば、次章でまとめる「テレビ時代」に括られる。

一九六四年（昭和三十九年）に総工費約七億円をかけて、巨大なボウリング場「ボウル吉本」をつくったのである。

戦前にせいは、千日前に一千坪の土地を手に入れていた。しかし、そこには百坪ほどの本社を建てただけで、ほかの土地は使えずにいた。やや複雑な問題もあって、残りの九百坪は借地にしていたのだ。そこに目をつけたのが、当時、吉本興業の社長になっていた弘高だった。本社を心斎橋の「吉本ビル」に移転させ、せいが残した一千坪を使ったのだ。

「ボウル吉本」の建設現場で弘高は、奥さんに対してこう話していたともいう。私が監修した、小谷洋介《こたにようすけ》『吉本興業をキラキラにした男　林弘高物語』（KKロングセラーズ、二〇一七年）から引用しよう。

「ここは昔、姉様が劇場を建てようとしとった場所なんや。いろいろあって遅れてしまったし、望んだ内容やないかもしれんけど、もしも姉様が生きとって、わしがここでボウリング場をやるって言うたら、きっと背中を押してくれたように思う。姉様はわしのことをようわかってくれとったからな」

このボウリング場は大成功して、この時期の吉本興業に莫大《ばくだい》な収益をもたらした。キャバレーや映画事業でつくっていた借金も、帳消しにできた。そのため、ボウリング場経営については〝戦後の吉本ビジネス〟のひとつにまとめておきたかったのだ。

「ボウル吉本」オープンの前年である一九六三年（昭和三十八年）、社長の正之助は、持病の糖尿病に膀胱《ぼうこう》疾病を併発させて、手術を余儀なくされていた。そのため、正之助が社長を退任して、弘高が社長になっていたのだ。

しかし、一九六九年（昭和四十四年）には弘高が病気になり、社長を退任。翌年、正之助が社長に戻っている。

このあいだの吉本興業は、弘高体制として〝弘高の色〟になっていたといえる。それを象徴するのが、社長に就任してすぐ、会社のロゴマークを刷新していたことだ。一九九五年（平成七年）まで使われていたもので、「吉」の字を笑顔に見立てた図柄のものだ。

この少し前から吉本は、笑い、すなわち演芸を再開させていたので、このロゴマークにより、それを表現していた。

実際に弘高は、演芸部門を再興させようともしていた。それと同時に、レジャー部門の強化も目論《もくろ》んでいたのだ。この時期のインタビューでは、「これからの吉本はボウリング、演芸、観光、不動産の四本柱で進めていく」とも語っていた。

本来の上位概念であるはずの「笑い」をどこまで大切にして、どこまで「ビジネス＝儲けること」を考えるか？

演芸にしても、ビジネスとして成り立っていなければ続けられないのだから難しいところだ。実現こそしなかったものの、弘高は、北九州に大規模なレジャー施設をつくる計画も進めかけていた。

吉本ビルの地下にはおしるこ・さろん「花のれん」、京都花月劇場の二階には串カツ酒場「花びし」も開店させている。

「ボウル吉本」の屋上に「吉本ゴルフセンター」、二階に「ビリヤード吉本」を開いたように、笑いとは関係のないところでも、利潤を求める多角経営を目指していたのは確かだ。

こうした方針に対して、反発がなかったわけではない。

この頃の吉本興業の中では、「大阪吉本 vs 東京吉本」という図式もできていた。

のちに会長になる中邨秀雄などは当時、テレビ課課長だったにもかかわらず、一時的に平社員に格下げされていたという。

中邨は、自著『笑いに賭けろ！　私の履歴書』（日本経済新聞社、二〇〇三年）にこう書いている。


「（弘高社長の）取り巻き連中は、思うように利益のあがらない演芸場なんかさっさと辞めて、手っ取り早く稼げるボウリング場にすればいいと思っている」

「いつの間にか社内に派閥ができていた」

「事態は演芸派にとって悪い方向に進んでいった。何かと目の敵にされた」


中邨の降格が弘高の意思だったかはわからない。だが、この頃の吉本は目標をひとつにできていなかったのだとは想像される。

正之助が、弘高に向かって直接、怒鳴りつけることさえあったのだそうだ。

「大阪の吉本はわしの会社や。勝手なことをさらすな！」と。

理想を持ちながらも利潤を求めるのが会社という組織である以上、こうした対立が起こるのは仕方がない。

吉本にも、そんな時代があったということだ。

それでも、吉本という生命体は、厳しい戦中戦後を切り抜けて「人を笑かすビジネス」に戻っていこうとしていたのである。

第四章　大衆に笑いを提供する使命

●演芸再開の気運

「これだけ映画が儲《もう》かってるんや。演芸に戻る必要なんかあらへん」

一九五八年（昭和三十三年）頃、林正之助のスタンスは、こうだった。

前章では、林弘高の社長時代まで話を進めていたが、少しだけ時計を巻き戻す。正之助が、社長を辞任する前の話だ。

この頃、洋画も邦画も人気で、週末の映画館が大入りになることも多かった。

吉本でも、大阪花月劇場を「千日前グランド劇場」にしたのを皮切りに、映画路線を拡大していた。演芸の再開が難しいことから、苦肉の策として始めたことでありながら、経営は順調だったのだ。

だが、吉本は吉本である。

社内においても、〝演芸再開〟を目指そうという声があがってきていた。その中心にいたのが、橋本鐵彦とその部下の八田竹男、さらにその部下となる中邨秀雄だった。

演芸を愛していたから、というだけではない。「テレビの時代」を迎えれば、映画館経営は下り坂に入っていくのではないか、と時代を読んでいたのだ。

橋本社長に関しては、現役時代のことを直接は知らない。それでも、私自身が広報マンだったこともあり、偉大すぎる先輩として見ている。

漫才が人気になると見越すと、すぐに文芸部をつくって作家を集め、さらに宣伝部もつくって、PR誌『ヨシモト』を創刊した人だ。『ヨシモト』については、「お客さんの声の受信機」という言い方をしていたともいう。情報を発信する媒体を受信に使おうという発想は、なかなかできない。それも、昭和初期のことなのだから感覚が鋭い。

八田竹男は早稲田大学を中退した人で、大阪の北野中学から森繁久彌《もりしげひさや》とは同級生だった。大学時代はともに演劇を志しながらも、自分に才能はないとあきらめたようだ。吉本に入ったのも、裏方として映画をつくりたいという気持ちがあったからだと聞いた。しかし戦後の吉本は、映画製作ではなく映画館経営へと向かっていた。そんな中にあり、テレビの時代がくると信じて、正之助に舵《かじ》を切るようにと勧めた中心にいたのが、八田だった。

その分、正之助ともよくぶつかった。

「演芸に戻って勝てる見込みはあるんか⁉」

「たぶんいや、いや、はずでは商売はできんぞ」

などと、怒鳴られていたという。

中邨秀雄は、私にとっては師匠的存在でもあった。そのため、この三人の中でこの人だけはよく知っている。

いろいろな指示（ムチャな指示）も受けたし、大事なことを教わった。

たとえば、この人には「人生三割説」というものがある。

「人生も仕事も七割が失敗だ。三割成功すれば、これは抜群の成績といえる。三割成功すれば、七割の失敗も十分に補っていける。だから三割バッターを目指せばいいんや。だけどな、竹中。三割バッターというのは、十打数三安打ではなく、千打数三百安打のことやで。千打数の三割バッターは、十打数の三割バッターより、六百九十三回、アウトになるのが多いということや。その分、出塁も二百九十七回多くなる」

つまり、中邨は「何度でも失敗すればいい」、「失敗しても、また次の打席に立たせたいと思われる人間になれば、打席に立つチャンスは増える。そういう人間になれ」と言っていたのだ。吉本のような会社でやっていくうえでは、ありがたい教えだった。

この三人は、それぞれ吉本興業の社長になっている。正之助をあいだに挟みながらも、リレー式で社長になっていったのだ（一九六三年に正之助は社長を退任して弘高が社長になるが、正之助は一九七〇年から七三年まで再び社長を務めた。その後、橋本、八田が社長になったあと、正之助はまたもや会長のまま社長職も兼務する。三度目の社長就任は八六年から九一年まで。中邨が社長になるのは正之助が亡くなる九一年だ)。

中邨の社長就任は遅かったとはいえ、それぞれに社長になるだけの貢献をしていたということだ。

三人の話になかなか頷《うなず》かなかった正之助も、実際は演芸を再開させたかったのではないか、とも考えられている。

吉本の外に目を向ければ、演芸復興の気運は高まってきていた。とくに注目されたのは、松竹芸能の前身となる松竹新演芸の動きだった。もともと映画館だった戎橋《えびすばし》松竹を演芸場にして、早くから演芸を再開していたのだ。松竹資本で松竹新演芸を設立すると、演芸路線をさらに拡大。客席数が千席にもなる道頓堀角座《どうとんぼりかどざ》で、公演を行うようになっていた。「演芸王国」を築いていた吉本が、こうした状況を黙って見ているのはつらかったはずだ。

中邨は前出の自伝『笑いに賭けろ！　私の履歴書』の中で、正之助も実際は演芸を再開させたい気持ちが強かったのに「渋々」を装っているのに過ぎず、「キツネとタヌキの化かし合い」のようになっていたと書いている。

●厳しかった再出発。「お前ら全員、腹を切れ！」

吉本で演芸再開が検討されていた一九五八年（昭和三十三年）は、映画館が盛り上がったピークとなった。そこから実際には、映画は下り坂に入っていたのだ。一九五八年の映画館観客数は約十一億人で、五年後には、約五億人になっている。五年で半分になったのだから、下り坂は急だった。

この理由として考えられるのが、テレビの普及だ。

NHKがテレビ放送を開始したのが、一九五三年（昭和二十八年）。力道山の日本初興行は翌年で、その頃はまだテレビの普及は進んでおらず、人々は街頭テレビに群がった。それでも、一九五〇年代後半からはテレビ、冷蔵庫、洗濯機が「三種の神器」と呼ばれるようになり、まずテレビから売れ出した。とくに、一九五八年から起きたミッチーブームは、テレビの急速普及につながったといわれる。ミッチーブームとは、当時の皇太子だった明《あき》仁《ひと》親王と美智子《みちこ》さまの婚約、結婚から起きた社会現象である。生中継されるパレードなどを見たいと考える人が、多かったのだ。

吉本が、映画館経営にばかり頼っているのではなく演芸復活を考えるなら、ギリギリのタイミングだったといえる。

寄席をなくしていた吉本では、梅田《うめだ》グランド会館地下一階の映画館「花月劇場」を演芸場「うめだ花月」に転換することに決めた。

うめだ花月での初公演は、一九五九年（昭和三十四年）三月一日に行われている。

三月一日にしたことにも、理由があった。この日をもって、大阪テレビ放送が朝日放送と毎日放送に分かれることが決まっていたので、うめだ花月の初公演を、毎日放送の放送開始初日に中継することになったのだ。初公演がそのままテレビ放送されるというのは、普通は考えにくい。吉本の実績があってこそのことだといえる。

このとき、大きな問題がひとつあった。それも、ものすごく初歩的な問題である。

芸人をどうするか？

そこから考えなければならなかったのだ。

なにせ、この段階において専属芸人はアチャコただ一人になっていた。吉本と縁が深い芸人に声をかけるといっても、多くは松竹に移っていた。後発の弱みである。浅草の芸人に頼るなどしても、寄席としてプログラムを構成するには、芸人の数が足りなかった。そこで考えたのが、バラエティ仕立てにすることだった。橋本の発案である。バラエティなら、歌でも芝居でも浪曲でも漫才でも、なんでも入れられると考えたのだ。

橋本と八田が、このことを正之助に提案するとこう返されたという。

「そんなことをやって失敗したら、どうするんだ！　もし失敗したら、キミたちが責任をとるのか？」

ビッグボスに詰め寄られたなら、返す言葉に詰まりそうだ。だが、二人は負けなかった。

「しかし社長、吉本は以前のような合名会社ではなく、いまや株式会社になっているんです。株式会社であれば責任者はあなたなんですよ」

こうして押し切ったというのだから、二人とも勇気がある。

こんな言い方をされて、ブチ切れなかった正之助も、頑《かたく》なばかりの人ではない。この時点では、それだけ演芸再開に気持ちが傾いてもいたのだろう。

こうして、吉本では演芸を再開したものの、うめだ花月をオープンしてすぐに観客が集まったわけではなかった。

ひどいときには、観客数が十七人というときもあったのだ。そのときに、正之助はこう口走ったといわれる。

「お前ら全員、腹を切れ！　首は千日前にさらしてやる」

●『吉本新喜劇』誕生への第一歩

初公演をテレビとドッキングさせるというアイデアを実現させるために駆け回ったのが、八田と中邨だった。

記念すべき初舞台（初放送）は、『吉本ヴァラエティ』と銘打たれていた。この吉本ヴァラエティが、『吉本新喜劇』の前身といえる。

吉本ヴァラエティは、戦前の吉本が看板にしていた『吉本ショウ』の流れを継いだものでもある。ただし、吉本ショウが音楽やダンスを中心にしていたのに対して、吉本ヴァラエティは、音楽やダンスはない軽演劇だった。その意味では、いまの吉本新喜劇に近かった。

第一回公演は、『アチャコの迷月赤城山《あかぎやま》』。

主演は当然、花菱アチャコだ。ほかに大村崑《おおむらこん》、芦屋《あしや》小《こ》雁《がん》、佐《さ》々十郎《さじゅうろう》、中山千夏《なかやまちなつ》らが名を連ねた。この軽演劇のほかに漫才の鳳啓助《おおとりけいすけ》・京唄子《きょううたこ》、ミスワカナ（四代目）・玉松一郎、落語の三代目林家染丸《はやしやそめまる》、奇術、曲技などがラインアップされていた。

驚くべきことに、『アチャコの迷月赤城山』の脚本は花登筐《はなとこばこ》が書いている。この後には、『細うで繁盛記』や『どてらい男《やつ》』などの大ヒットドラマを書くことになる大物作家だ。

これ以前に契約していた東宝から独立して、『笑いの王国』という劇団を主宰していた頃のことで、八田が協力を呼びかけて吉本に誘い込んだのだ。大村崑や芦屋小雁らは花登筐と行動をともにしていた喜劇俳優だったので、花登筐の協力があってこそ、第一回公演は実現できたといえる。それを考えれば、八田の功績は大きい。

吉本ヴァラエティを始めたばかりの頃は、客入りはよくなかった。

そのため、正之助は「このまま流行《はや》らんのやったらパチンコ屋にでもしてしまえ！」と檄《げき》を飛ばしていたという。

テレビ放送があることでの宣伝効果が、なかったわけではない。少しずつ劇場にも客が集まるようにはなっていた。それでもやはり、道頓堀角座を本拠地として公演を続けていた松竹系の後塵《こうじん》を拝していたのだ。

花月の苦戦は、大阪が万博景気で沸いた一九七〇年（昭和四十五年）頃まで続いたとみられる。弘高が社長になるのが一九六三年（昭和三十八年）で、「ボウル吉本」のオープンが翌年である。演芸再開はできていたといっても、「ボウル吉本」の成功はやはり大きかった。演芸がしっかりとしたビジネスになるまでのあいだは、弘高が敷いた多角経営路線に助けられていた面が小さくなかったということだ。

ただし、演芸の側でも、ただブレイクの時を待っていたわけではない。

「うちは後発なんやから思いっきりやるしかない。芸で勝負するんやなくて、ドタバタでいくんや」と打ち出したのは、八田だ。

実際に、そういう路線が敷かれていった。

旗揚げ時は、外部の喜劇役者などに頼っていながらも〝吉本の顔〟は育てた。白木《しらき》みのるや平参平《たいらさんぺい》、ルーキー新一《しんいち》、花紀京《はなききょう》、財津《ざいつ》一郎《いちろう》、桑原和男《くわばらかずお》、山田《やまだ》スミ子《こ》らは、早い段階から吉本所属として出演するようになっていた。初年度に第一回研究生を募集すると、〝奥目のはっちゃん〟岡八郎《おかはちろう》や〝マドンナ〟藤井《ふじい》信子《のぶこ》らが入ってきている。

「吉本新喜劇の黄金期」を支えるスターたちが、揃いだしていたのだ。

吉本ヴァラエティの第一回公演からおよそ一年半が過ぎた一九六〇年（昭和三十五年）十一月の公演では、うめだ花月のポスターには「吉本ヴァラエティ第六十二回公演」、「吉本新喜劇　秋晴れ父さん」と、二つのタイトルが併記されていた。

「秋晴れ父さん」の主演は、演芸再開初年度の入社組であり、明石家さんまの師匠としても知られる笑福亭松之助《まつのすけ》だ。ほかに、平参平、藤井信子らの名前も見られる。この段階で、多くの人がイメージする吉本新喜劇に近づいてきているといっていい。

そして、一九六三年（昭和三十八年）の公演では、吉本新喜劇と記されているだけで、吉本ヴァラエティという名称は記されなくなった。こうして吉本新喜劇は〝我々の知る吉本新喜劇〟になっていったのだ。

毎日放送による吉本ヴァラエティの中継は当初、日曜日で、『セフラお笑い劇場』（一九五九年〜）から『サモン日曜お笑い劇場』（一九六〇年〜）へとなり、一九七六年（昭和五十一年）からは『花月爆笑劇場』、一九八九年（平成元年）からは『よしもと新喜劇』と名称を変え、現在は土曜日に放送されている。

また、朝日放送でも一九六三年より『七ふく花月劇場』、一九六五年（昭和四十年）からは『お笑い花月劇場』が一九八四年（昭和五十九年）まで土曜日のレギュラー放送になった。その後の二年間は、日曜日の放送だった。

驚くべきことに、吉本新喜劇は、二局でテレビ放送されるようになったのだ。

毎日放送は、「うめだ花月」の公演を中継、朝日放送は「なんば花月」の公演を中継するように棲《す》み分けもされていた。

この頃までには、やはり映画館だった「京都花月劇場」を演芸場に転換し、大阪・なんばの「千日前グランド劇場」を「なんば花月」にしていたのだ。

吉本新喜劇が二つの番組で見られるようになったことで、関西を中心とした西日本の子どもたちの週末は変わった。土曜日にも日曜日にも、「吉本新喜劇」を見ていたのだから。どっぷりと、吉本の世界にはまるようになったのだ。

ご存知のように、吉本新喜劇のギャグはわかりやすい。

「ごちそうさん、全部でいくら？」、「キツネうどん四つで三百万円」

「ごめんくさい、これまたくさい、あーくさ」

「今日はこれぐらいにしといたるわ」

などなどと、関西人の会話に日常的にちりばめられる常套句《じょうとうく》を生み出していった。

私にしても、小学校のとき教室に入る際には日々、こう口にしていたものだ。

「ごめんください。どなたですか。五年一組の竹中です。お入りください。ありがとう」

●「夜の人気者」になった仁鶴

吉本新喜劇が関西の文化として溶け込んでいっただけでなく、新世代のスターたちも頭角をあらわしだした。

笑福亭仁鶴、桂三枝（現・文枝）、横山やすし・西川きよしらだ。

まず飛び出したのは、仁鶴だ。

仁鶴は、桂春団治のレコードを聞いて落語家を目指そうと考え、六代目笑福亭松鶴《しょかく》に入門。師匠の松鶴は松竹芸能に所属していたにもかかわらず、自分のキャラクターは吉本向きではないかと考え、一九六三年（昭和三十八年）に吉本に入っていた。

仁鶴の名前を売ったのは、深夜ラジオである。この頃のラジオはテレビに押されていたので、若者向けの深夜放送を強化するなど、テレビとの差別化を図っていた。その流れの中で、ラジオ大阪は一九六六年（昭和四十一年）から『オーサカ・オールナイト〜夜明けまでご一緒に』を始めており、パーソナリティとして、仁鶴が抜擢《ばってき》された。

「ごっきげんよおう！　ごっきげんよおう！」とダミ声でがなり立て、「エロ仁鶴」とも呼ばれ下ネタなどを展開していく仁鶴は、すぐに夜の人気者になった。タクシーやトラックの運転手、受験勉強で遅くまで起きている中高生のハートを鷲摑《わしづか》みにしたのだ。

朝日放送の『ABCヤングリクエスト』でも、「頭のマッサージ」というコーナーを獲得！　この放送では下ネタは禁止とされていながら、さらに人気を高めていった。

リスナーのハガキを読んでいくので、いわゆるハガキ職人が増えるきっかけにもなった。『頭のマッサージ』は書籍化もされ、中高生のあいだで回し読みされることも多かった。

最初の段階で、どうして仁鶴が抜擢されたかはわからない。ただ、吉本という会社の性格を考えたなら、〝深夜のラジオならギャラを気にしなくてもいい若手でええやろ〞くらいの感覚で決めたのではないか、と想像される（あくまで想像だ）。

聞くところによれば、この頃の深夜ラジオは、タレントが一人でブースに入ってしゃべっていると、そばにいたはずのディレクターがいつのまにか、いなくなっていることもあったという。ワンマンＤＪの走りともいえる。

言い方を変えれば、それくらいほったらかしの世界だった、ということだ。

私が小学生の頃、「京阪電車に乗っていれば仁鶴に会えるで」という噂があった。「あんな大スターが電車に乗ったりするんか⁉」とビックリしたものだ。

吉本に入社したあと、噂が本当だったのかを確認したこともある。

「大阪の寝屋川《ねやがわ》市に住んでいて、移動にかける時間の余裕がなくて、クルマを駐車場に出し入れしたりするより、電車に乗るほうが早いこともあったんや」と教えてもらった。

「人が集まりすぎて、京阪電車の人たちには迷惑をかけてしもうた」とも話しておられた。

それくらいの人気になっていたということだ。

ラジオの印象とは違い、ふだんは寡黙で、楽屋では本を読んでいることが多い人だ。

歴代マネージャーが、私のように子どもの頃の記憶を話すと、「そうかあ、そうやってボクの番組で育った子どもたちと働くことになるんやなあ」と感慨深い顔をしていたという。

仁鶴は、あとにも記す『ヤングおー！おー！』（毎日放送、一九六九年からの放送）で桂三枝とともに司会を務めたことにより、全国区の人気を獲得していく。

およそ同時期には、『仁鶴とあそぼう』（朝日放送）という午後六時十五分から始まる十五分間の帯番組を持つようにもなった。個人的にこの番組は、ダウンタウンの『4時ですよ〜だ』のルーツだと考えている。どちらも生放送で、芸人のパワーが爆発していた番組だったからだ。

子どもの頃は毎日、六時十五分になるのが楽しみでしょうがなかった。

●漫才に革命を起こした、やすきよ

桂三枝は、仁鶴のあとを追うようにラジオから人気になった。

一九六七年（昭和四十二年）に毎日放送の『歌え！MBSヤングタウン』のオーディションを受けて、月曜の一コーナーを担当したことから人気が出てきたのだ。やがて、木曜から土曜までの放送で司会を務めることになっている。

『ヤングタウン』のテレビ版として、一九六九年（昭和四十四年）からは『ヤングおー！おー！』（毎日放送）が始まる。

ここで、三枝と仁鶴は合流した。

といっても、この頃の仁鶴のスケジュールは殺人的だったので、三枝がメイン司会となり、仁鶴はコーナー担当におさまった。そこに横山やすし・西川きよしらも加わっていったのだ。

三枝は落語家ながらも、お笑いタレントのアイドル第一号的存在になった。『新婚さんいらっしゃい！』（朝日放送、一九七一年からの放送）、『パンチDEデート』（関西テレビ、一九七三年からの放送）などの番組でも司会を務め、人気を不動のものにしている。

そのため、落語家というよりテレビタレントという印象が強いかもしれない。落語で実績を積むより先に、ラジオとテレビで人気に火がついたのは確かだ。しかし、「創作落語」という分野を切り拓《ひら》いていったのも三枝だ。東京の落語家などでも、三枝の創作落語の影響を受けている人は多い。それくらい笑いのセンスにすぐれた人だといえる。

個人的な印象としては、神経質な人という感もある。勘もいい人なので、週刊誌にスクープされるようなことはまずないだろうと思っていたのだが……。

横山やすしの芸歴は、長い。

まず、一九五九年（昭和三十四年）に松竹から「堺伸《さかいしん》スケ・正《しょう》スケ」という少年漫才でデビュー（やすしは伸スケ）。このコンビは二年ほどで解散し、横山ノックに入門して、横山やすしという芸名になった。それとともに吉本興業に移籍。レッツゴー正児《しょうじ》（のちの「レッツゴー三匹」の一人）、横山プリンと相方を変え、一九六六年（昭和四十一年）に四人目の相方となる西川きよしと組んだ。

それまでの西川きよしは、石井均《いしいきん》に入門し、その後、白木みのるの付き人になってから、吉本新喜劇の研究生として、着ぐるみの中に入っていたり、通行人役をやったりしていた。まだ芸人として芽が出ていないうちに、やすしとのコンビを組んだのだ。

片やなんでもありの型破り、片や生まじめと、水と油のような二人だ。しかし、その漫才は革命的だった。動きとしゃべりのスピード感。ボケとツッコミの役割を自在に入れ替えるスタイルなどは、それまでの漫才にはないものだった。この後に漫才ブームが起きるのも、やすきよあってのことだ。二人の漫才スタイルは、次の世代、さらにその次の世代へと受け継がれていくことになる。

ダウンタウンにしても、やすきよの影響を受けている面はある。ただし、やすしのほうでは、ダウンタウンの漫才は気に入らなかったようだ。

ダウンタウンに「ライト兄弟」というコンビ名を名乗らせていた頃、『ザ・テレビ演芸』（テレビ朝日系列）という番組に出演させたときのことだ。彼らは独自のネタを展開していた。ダウンタウンらしい世界観の漫才である。そのネタが終わるか終わらないかというときに、やすしは「もうええ、お前らがやってるのはテレビでやるような漫才とちゃうやん！」と一蹴《いっしゅう》してしまったのだ。

「お前らのネタは悪質や！　親を殺すとかどうとか、チンピラの立ち話やないんやからな。だいたいな、ライト兄弟いうたら、飛行機好きの皆さんから尊敬されてる人たちなんやから、お前らがライト兄弟なんて名乗ったら、航空ファンに迷惑がかかる！」

というのである。

やすしは、家を買うか飛行機を買うかを悩んで、結局、軽飛行機を買ってしまうほどの飛行機ファンだ。漫才に対する独特の美学とともに、飛行機に対する愛情があってこその言葉だったといえる。

このときは、ダウンタウンの二人でさえ、さすがにしゅんとしていた。

やすしは、とにかく豪快な人だった。学園祭で一時間ほど好き勝手にしゃべる講演会が人気になっていた時期があった。「自分がこの世界に入ったときは本当に貧乏やった」、「みんなも自分の好きなことをやらんと、人生いつどうなるかわからんぞ」というように、彼なりの持論を話すトークライブである。

たとえば、私がある女子大の学園祭に立ち会った日、なかなかやすしが現れなかった。「間に合いませんよ!」と女子大の関係者から責められ、困ってしまった。携帯電話がまだない時代だったので慌てていると、ギリギリの時間になって、正門からキャンパスの中にクルマで突っ込んできたのだ。どこに寄せることもなくクルマを降りると、「誰か、クルマ、見といてや」と会場へ駆けていった。カギはついたままで、エンジンもかかったままだった。むちゃくちゃな人やな……と担当の女子大生と一緒に、唖然《あぜん》とするしかなかった。

●『ヤングおー!おー!』はパクリから生まれた!?

吉本にとって、全国ネットの『ヤングおー!おー!』は重要な意味を持つ番組になった。吉本の芸人によるコーナーも多く、所属芸人たちを次々に売り出していくことができたのである。

三枝と仁鶴、やすきよだけではない。番組開始から二、三年経つと、番組内ユニットとして、桂文珍《ぶんちん》、月亭八方《つきていはっぽう》、桂きん枝《し》（現・四代目桂小文枝《こぶんし》）、四代目林家小染《こそめ》による「ザ・パンダ」が人気になった。ほかにも、月亭可朝《かちょう》や、「オール阪神《はんしん》・巨人《きょじん》」らも全国区になっている。このことは、やはり演芸場への集客効果につながった。

ザ・パンダの結成と重なる一九七二年（昭和四十七年）には、この番組を中継していた地下一階にあった「うめだ花月劇場」が、地上一階から四階を占めていた映画館「梅田グランド劇場」と入れ替わっている。これにより、〝笑いの吉本〟の本格的な復活がなったといえる。

八田らの提案により、地下の映画館を演芸場に転換したのが一九五九年（昭和三十四年）なので、十三年が経っていたことになる。ボウリング場経営などに助けられながらも、小さく灯《とも》していた火を、時間をかけて育てあげた結果といえる。

少し先の一九八〇年（昭和五十五年）になると、三枝が『ヤングおー！おー！』の司会から降板し、明石家さんまがメインの司会者となり、島田紳助・松本竜介がアシスタントに就く。そこにはザ・ぼんちや「西川のりお・上方《かみがた》よしお」らもいた。

三枝自身がそうあるべきだと考えた世代交代のようなものだった。さらに「太平《たいへい》サブロー・シロー」なども司会に近い役割に就くなど、新たな時代になっていく。

三枝が司会を始めたときも、当時まだ「若手」だったように、ベテランに頼りがちの演芸界にあって、次々と若手を売り込んでいったのも成功につながった。この路線によって、先行していた松竹芸能を逆転したばかりか、突き放したといえる。

『ヤングおー！おー！』では、企画の発案段階から中邨の功績が大きかった。

アメリカを視察していた中で、歌ありトークありコメディありといった構成のバラエティショーを目にして、「これや！」と思っていたそうだ。

「司会者が好きにしゃべりながら、ゲストやいうて、歌手や俳優を呼ぶんや。歌手には歌わせ、俳優にはトークをさせる。コメディやマジックもあれば、ダンスもある。そんな番組を見たんや。『ヤングおー！おー！』はそれをパクったようなものやな。あんなもん、ゼロから考えつくかいな。見たんや、アメリカで」

本人がそう言っていた。

番組内容が斬新《ざんしん》だっただけでなく、番組制作を吉本で手掛けられたこともその後につながった。うめだ花月で収録していた（後に中之島ＳＡＢホールへ移る）『ヤングおー！おー！』は、企画構成から演出、撮影や編集まですべて吉本興業が請け負っていたのだ。吉本新喜劇によってノウハウを身につけていたからこそ、できたことだった。実は私も小学生の頃、同級生が観覧に当選し、ＳＡＢホールの収録に参加したことがある。

●番組制作会社としての顔

吉本興業は、演芸場を持つ「興行会社」であり、タレントのマネジメントを行う「芸能プロダクション」でもあった。そして、この頃からは「制作会社」という第三の顔を持つようになったのだ。

一九七三年（昭和四十八年）には、毎日放送との共同出資で、番組の企画・制作会社「アイ・ティ・エス」を設立している。この会社では、毎日放送の番組に限らず、幅広くバラエティ番組を制作していった。これにより吉本の所属芸人は活躍の場を広げ、全国的な知名度を得やすくなった。

「テレビ番組をオレらがつくれるようになったらええねん」

こうした発想を持っていたのは、中邨である。

まだ制作会社などは、一般的に認知されていなかった時代の話だ。もう少しあとに、私が入社した段階でもそうだった（一九八一年入社）。

アイ・ティ・エスは、「吉本テレビ制作」と併記していることもあったので、近所の人が社名の入った封筒を持って歩いている社員に、「すみませ～ん、自宅のテレビが映らなくなったので直してもらえませんか」と言われることもあった。テレビ制作会社というのは、テレビという機械を作ったり直したりしているところだと思われていたからだ。そんな時代から番組制作に食い込めていたことで、大きなメリットを得られていた。入社してずいぶん経ってから「アイ・ティ・エス」の意味を先輩に問うと、「インターナショナル・テレビジョン・システム」の略だという。会社名でも笑わせるのが、吉本だ。

仮の話としていえば、「土曜の夜の一時間、あんまり予算がないんやけど、若手の芸人でも使って、何か番組つくってくれませんか？」などとテレビ局から依頼を受ければ、自分たちが売り出したいタレントを簡単に起用することもできたのである。

橋本、八田、中邨の三人が社長になっていったのは、功績を考えれば必然といえる。中でも私自身、中邨さんからいろいろな教えを受けることができたというのは先にも書いたとおりだ。八田さんの社長時代は新入社員だったので、中邨さんほど身近で仕事ができたわけではなかった。私が入社した五年後には体調を悪くして社長を退任したので、直接、指示を受けるようなことはほとんどなかった。

私が知っているのは晩年だったためか、八田社長が怒っているところを見たこともない。若い社員を見かけるたびに、「頑張りやあ」と気さくに声をかけていた。

「好きなことをやればええから、頑張りやあ。何してもええけど、損したらあかんでえ。赤字出したらあかんでえ」

そんなことをよく言っていた人だ。

●吉本の使命は、大衆に笑いを提供すること

吉本の演芸部門が上昇を始めた一九六六年（昭和四十一年）には、社是と社訓が制定されている。次のものが「社是」だ。

一、大衆と共に生き、大衆に奉仕することを我らの誇りとし我が社の使命とする。
一、日々創意工夫と熱意をもって、仕事に取り組み、言動には堅く責任をとろう。
一、事業の興亡は人にある。我が社と苦楽を共にし、あらゆる試練を克服して感謝と反省を忘れず、働くことに歓びをもとう。

一、我が社の充実発展は、我らの不断の努力と、日常の誠実による。
一、社則を守り、公私の別を明らかにし、常に和をもって協力一致の実を挙げよう。
我らの希望は我が社の明日への進歩にある。

「社訓」のほうは次のように始まっている。

我ら労使は協調して、社業に精励、もって社会の文化向上に貢献し、且つ株主の信任に応えねばならない。
社則は信賞必罰の精神のもとに、厳正なる秩序を確立し、業務の円滑なる運営をはかるため、遵守すべきものである。

正之助は、低収入、低学歴のマスの人々を「大衆」として想定していたのではないか、と思う。何がマスかは時代によっても変わっていくが、勤労に励んでいる人たちをイメージしていたはずだ。
日々の生活の息抜きとして「笑い」を求めている人たちに奉仕することを、旨とする。

そのための創意工夫と熱意が大切だというのだから、立派な社是である。

八田がよく口にしていた言葉が象徴するように、吉本では赤字にしない限り〝おもしろそうなこと〟は好きにやらせてもらいやすい。

〝金儲けにならないことは笑いにつながらない〟という考え方も根底にある。なんでもかんでも商品を提供しようとするのではなく、「大衆に受け入れられる笑い」がどんなものかを考えて送り出していけば、そこに笑いは起こり、ビジネスにもなっていくということだ。

この精神は、いまも吉本には脈々と生きているはずである。

二〇一〇年（平成二十二年）には、次のように始まる「吉本興業グループ行動憲章」が打ち出されている。

　吉本興業グループは、「笑い」を中心としたエンタテインメントによる社会貢献と、「誰もが、いつでも笑顔や笑い声をもてる社会」の実現を目指しています。

　吉本興業グループのすべての役員・社員（以下、総称して「私たち」といいます）は、このような理念を実現し、文化・芸能の担い手として求められる社会的責任を果たすために、ここに、本行動憲章の制定と遵守を宣言します。

この第一項としては「最良のエンタテインメントの提供」が掲げられ、次のように書かれている。

私たちは、「誰もが、いつでも笑顔や笑い声をもてる社会」の実現を目指します。私たちは、この大きな目標を実現するため、タレントと協同一致し、持てる能力を最大限に発揮して、子供からお年寄りまで男女を問わず安心して楽しんでいただける最良のエンタテインメントを創造し、これを社会に広く提供して、人々の心に残る「笑い」や「幸せ」をつくりだしていきます。

この後には「二、法令等の遵守」、「三、反社会的勢力の排除」、「四、社会への貢献」、「五、人権の尊重」、「六、知的財産の取り扱い」、「七、取引先との関係」、「八、企業活動の透明性」、「九、情報の保全」、「一〇、本行動憲章の周知・徹底」がまとめられている。

一九六六年（昭和四十一年）に制定された社是に比べれば、硬く細かい内容だ。しかし、老若男女を問わず、誰をも笑わそうということを上位概念にしている点では変わらない。それでこその吉本だといえる。

正之助会長は、よく言っていた。

「世の中にあって、体の中の毒を消せるのは、薬と笑いや。体に効く薬と違って、心に効く笑いには副作用もないからな。ええこと尽くしなんや」

●漫才ブームがやってきた！

「勉強できん奴は吉本しか行くとこないぞ」

「お母ちゃんの言うこと聞かんかったら、吉本に入れるで」

生まれも育ちも大阪の私が子どもの頃から、大阪ではよくそんな言葉が聞かれるようにもなっていた。

ただし、勉強ができる子やスポーツができる子より、人を笑わせられる子がクラスの人気者になるのが大阪であり、そういうふうにしたのが吉本だともいえる。そう考えたなら、「吉本に入れる」というのが子どもに対する脅し文句として、どの程度の効果を発揮していたかは微妙な面がある。

吉本新喜劇は、それくらいの影響力を持つようになっていた。

とはいえ、その上昇気流はいつまでも続いているものではなかった。

七〇年代後半に差しかかった頃にてっぺんに達してしまったのか、少しずつ人気を落としはじめていたのだ。演芸場の集客は鈍り、他社では閉鎖する演芸場も出ていた。

しかし、それが厳しすぎる状況を招いてしまう前に、新たなムーブメントが起こった。

「漫才ブーム」である。

関西テレビ制作の花王名人劇場で、一九八〇年（昭和五十五年）一月二十日に『激突！漫才新幹線』を放送したのがきっかけだったといえる。やすきよ、「B&B」らが出演したこの番組は、関東地区では十三・四パーセント、関西地区では二十七・二パーセントという高視聴率を記録したのだ。

B&Bはこの頃、人気が爆発した漫才コンビの代表格に挙げられる。一九七二年（昭和四十七年）に島田《しまだ》洋七《ようしち》（当時は島田洋一《よういち》）と団順一《だんじゅんいち》（のちに放送作家となる萩原芳樹《はぎわらよしき》）が組んだのが初代B&Bだが、このコンビは長くもたずに解散。翌年、洋七は相方を上方真一《しんいち》（現・上方よしお）に変えたものの、やはり不発。二年後には相方を島田洋八《ようはち》に変えた。吉本で育ったこの「三代目B&B」が円満退社して東京に移ってからブレイクしたのだ。B

&Bは、漫才ブームの中でなくてはならない役割を果たしていくことになる。一九八〇年十月から始まるフジテレビ系列の『笑ってる場合ですよ！』（『笑っていいとも！』の前身的番組）では総合司会を務めるようにもなったのだ。ちなみに書いておけば、『ヤングおー！おー！』で司会が三枝から明石家さんまにバトンタッチされたのもちょうどこの時期にあたる。

その前に始まっていたのが、『THE　MANZAI』である。『激突！漫才新幹線』がウケたことから、フジテレビでは同年四月一日に火曜ワイドスペシャルの枠内で『THE　MANZAI』を放送。これにより、漫才ブームには完全に火がついた。『THE　MANZAI』はこの後の三年間に十一回、放送されている。関西地区では四十五パーセントを超える視聴率を記録したこともあったのだから、人気はすさまじかった。『THE　MANZAI』によって「漫才」は、表記を漢字から英文字に変えたように、伝統的な演芸という枠を飛び越えた。歌番組とも変わらないように、テレビで気軽に楽しめるエンタテインメントになったのだ。

吉本では、やすし・きよしのほか、ザ・ぼんち、オール阪神・巨人、島田紳助・松本竜介、西川のりお・上方よしお、太平サブロー・シロー、「今《いま》いくよ・くるよ」らがレギュラー的存在になっていた。吉本のほかでは、B&Bや「ツービート」、「おぼん・こぼん」らが人気になっている。

彼らが活躍したのは、漫才番組だけではない。フジテレビ系列では、平日お昼の『笑ってる場合ですよ！』に続いて、土曜夜の『オレたちひょうきん族』を一九八一年（昭和五十六年）から放送開始した。〝タケちゃんマン〟ビートたけしを中心にしながらも、〝ブラックデビル〟明石家さんまをはじめとした吉本の面々も活躍し、ドリフターズの『8時だヨ！全員集合』の裏番組として、ムーブメントも起こした。この番組で、漫才師や芸人はお茶の間の人気者という地位を確立していった。

そういう状況の中で、吉本でも一九八〇年（昭和五十五年）には「東京連絡所」を開設し、いよいよ本格的な全国進出を図っていったのである。

●吉本興業に入社！

ザ・ぼんちがシングルレコード『恋のぼんちシート』（作詞作曲＝近田《ちかだ》春夫《はるお》、編曲＝鈴木《すずき》慶一《けいいち》）を出したのは、一九八一年一月だ。このレコードは八十万枚を売り上げる大ヒットとなり、全国横断コンサートも敢行した。七月には日本武道館でスーパーライブを行っている。

私が吉本興業に入社したのは、まさにそういう最中《さなか》のことだ。入社が『恋のぼんちシート』が出たあとの一九八一年四月で、七月の武道館ライブでは雑用に駆け回った。

入社試験を受けたのは前年の秋なので、まさに漫才ブームの渦中にあった。

だが実は、私自身はブームが来ていることをあまり意識はしていなかった。大学の就職部の掲示板のマスコミコーナーで案内を見つけて、受けてみたのだ。その頃の私はマスコミ志望だったので、新聞社、テレビ・ラジオ局、広告代理店などと並行して就職活動をして、吉本にだけ合格したというのが、本当のところだった。

同級生からは「お前はブームに乗って吉本を選んだんやろ」、「テレビでいまは流行ってるけど、あんな会社はどうかと思うで」などと、あまりよくは言われなかった。ただ、やはりこの年の応募者はものすごく増えていたとは説明会で聞かされた。

最終的に同期として入社したのは、五人だった。どうして自分が受かったのかはわからない。筆記試験などもなく、二度の面接試験だけで内定をくれたのだ。自分では、声が大きかったのが評価されただけではないか、といまでも思っている。

履歴書を出したあとの最初の面接から、社長や幹部が並んでいた。当時の社長は、八田竹男だ。「吉本ではいきなりトップに会えるのか⁉」と驚いたものだ。

何を質問されたかはあまり覚えていない。入社試験を受けていた他の学生に聞くと、「漫才は好きか？」、「昨日の花王名人劇場は見たか？」、「紳助をどう思う？」などと聞かれて、お笑い談義で盛り上がったりしていたそうだ。どうしてなのか、私の面接ではそういう話にはならなかった。

内定をもらったときは、「えっ、これで合格？」と拍子抜けしたくらいだ。

正直にいえば、当時の私は、吉本興業という会社を甘く見ていた面がある。会社の重役室には、ベテラン芸人の仁鶴や花紀京などが座っていて、社員はみんなマネージャーかプロデューサーになるものと思っていたのだ。総務部や経理部があったことにも驚いたほどなので、まともな一般企業として見ていなかったといえる。

いまの吉本興業に対しても、当時の私に近いイメージを持っている人も多いのではないだろうか。実際は決して、そんなことはない。

なにせ早い段階から上場もしていた会社だ。芸人との契約は特殊な形態であっても、一般社員は正規の社員であり（現在ならアルバイトや契約社員もいるが）、保険や退職金といった制度も整っている。取れるかどうかはともかく、有給休暇などもあったはずだ。少なくともいまはあるにちがいない。いや絶対にあるはずだ。

●規格外の存在・正之助会長の思い出

吉本に入ってからのことは次章に書くとして、正之助会長に関することだけはここで書いておく。正之助会長は、いろいろな意味で規格外の存在だった。

私は、入社してしばらくは京都花月で現場見習いをしていて、七月になってから本社の七階に勤務することになった。その一角にベニヤ板で仕切られた会長室があったのだ。その点だけは、ビッグボスらしくはないともいえる。

あるとき、私たちのいるデスクに、酢の匂いが漂ってきた。「何の匂いですか？」と先輩に聞くと、「会長が水虫の治療で、酢に足を浸《つ》けてるんや」と教えられた。それに対して何かを言える者など、いるはずがなかった。会長が何をしようが、干渉する者はいなかったのだ。

会長室から出てきた会長がトイレに向かおうとしただけでも、みんなが心の中で〝会長が来たあ！〟と叫んで背筋を伸ばす。つながってもいない受話器を取って、電話をしているフリをする者も少なくなかった。

心斎橋の本社の七階で、エレベーターに荷物を載せているときに会長が下に降りるために来たときは大変だった。荷物を降ろして会長を優先すべきかどうか、とパニックになったのだ。会長は「お前らが先に下に、降りろ」と言いながらも、せっかちなのでエレベーターのボタンを押して、エレベーターが下に降りる前にドアを開けてしまう。最初は「すまんな」とバツが悪そうにしていながら、また自分で同じことを繰り返す。そうすると今度は「お前らはよ、下に降りんか」と怒り出すのだ。

会長のことは怖くても、会社の中には基本的にいつも笑いがあった。

古参社員には「会長ほど怖い人はいない」、「会長と口をきいたことはない」という人もいたけれど、会長自身、年を重ねて変わってきていたところもあったのかもしれない。私の知る会長は、ただ怖いだけではなく、〝おもろい面〟もあわせもっていた。芸人たちとのあいだで残されているエピソードも多い。

「外見にも気をつかえ」と言われて、会長からネクタイをもらった桂文珍が、「これに合うスーツもお願いします」とねだると、苦笑しながら「洋品店に行って待っとけ」と言われた、などという話は有名だ。

また、ダウンタウンが「会長はおしゃれでステッキを持っているように見えるけど、あれは芸人をしばくために持ってはんねん」という話を漫才のネタにしたときも、会長は怒らなかった。「このステッキでお前らをしばくことなんかないって言うとけ」と笑ってマネージャーに伝言していたのだ。

晩年にはこうも言っていた。

「わしももう九十一歳や。カネもいらんし、女もいらん。ちゃんと人を笑かせられる芸人を育てられたらそれだけで幸せやねん」

ただ、そうはいっても、私たち社員からすれば、怖い存在であるにはちがいなかった。花月に出す看板のことで会長に怒られたときのことは、いまでも忘れられない。

横山やすしが休んでいたため、桂三枝と西川きよしの即席コンビを柱に据えた正月公演があった。そこで、「桂三枝・西川きよし」と書くのと「西川きよし・桂三枝」と書くのとではどちらがいいかを決めかねて、二種類の看板用の下絵をつくるようにと会長は指示していたらしい。それを知らず、上司と二人で一種類だけを持っていくと……、いきなりだった。

「お前ら、わしの話を聞いていなかったのか、この場から消えてなくなれ！　明日《あした》から会社に来るな!!　バカモン」

と怒鳴られたのだ。

これだけのことで会社を辞めなければならないのか、と肝を冷やし、とりあえず上司とともにほとぼりが冷めるのを待つことにした。出社は続けたものの、会長が姿をみせそうになったときには他のフロアに逃げたり、トイレに隠れたりしていたのだ。私の上司などは、机の下に隠れていることもあったほどだった。

●爆走するしかなかった最後の世代

会長が亡くなったのは、私が入社した十年後の一九九一年（平成三年）だ。九十二歳の大往生だったので、広報担当の私などはXデーに備えた準備も考えておかなければならなかった。次の社長になる中邨に対しては、失礼な言い方だったかもしれないが、「取材がどんだけ来るかわかりませんから、散髪して、ちゃんとスーツを着といてください」とも話していたくらいだ。

私が吉本に入ったのは、止まることが許されない特急電車が加速をつけだしていた頃だったといっていい。一度漫才ブームが落ち着いて、ダウンタウンなどが売れだしたあとに入社してきた世代とは、見てきたものが違う。

ダウンタウン以降でいえば、いい時、悪い時はありながらも、飛行機でいえば安定して飛んでいられる高度になっていた。私たちの時代は、そうではなかった。先に何があるかわからないながらも離陸に向けて、ただひたすら走るしかなかったのだ。

とにかくしんどかった。

ただし、私たちより少し上になる大﨑会長たちの世代はそれ以上にしんどい思いをして突っ走っていたのは確かだ。だからこそ、私たち新人に対しても、どんな仕事であれ、当たり前のように投げてきていたのだろう。そういう構図があったからこそ、鍛えられたのだ。私たちなどは、上の世代から見れば、ただのあまちゃんなのかもしれない。

それでも私たちは、正之助会長を知り、昭和の吉本を感じ、尋常ではない鍛えられ方をした最後の世代にあたる。

暴走、爆走を続けた時代だったのだ。

第五章　笑える百年企業の未来

●入社一年目からの「吉本インディペンデント」

この章は吉本興業の「現代史」にもなるので、私自身の話も記しておきたい。

吉本興業に入社して三か月間、京都花月で現場見習いをしたあと、新設されたばかりの宣伝広報室に配属されたのが始まりである。

その時点で、同期や少し先輩からは「これで竹中はランクダウンや」と決めつけられていたのではないか、と思った。この後の私は、退社するまでずっと、社内インディペンデントといっていい道を歩んでいくことになる。

サラリーマンにとって、配属先の問題は大きい。

マネージャーになる者もいれば、劇場の勤務になる者もいる。総務部に配属されることもあれば、チケットをさばく営業になることもある。吉本興業でいえば、やはり現場で制作やマネジメントに関わっていたいというのが、当時の多くの社員の本音だ。

同じマネージャーになるにしても、誰のマネージャーになるかによって、まったく違ってくる。たとえばの話、桂文枝のマネージャーになれば、その時点で〝日本一の落語家のマネージャー〟という立場になる。

そうなれば、やはり待遇もそれなりのものになっていく。楽屋に用意された弁当が二段なら、マネージャーにも同じ物が用意される。番組収録後、文枝師匠が局に用意されたハイヤーで帰るとすれば、同乗することになるかもしれない。最初に呼ばれたタクシーで帰るなら、二番目に呼ばれたタクシーで送り出されることもあり得る。そうなってくると、自分の立場を勘違いするマネージャーも現れかねない。

日本一であるのは芸人自身なのに、自分が日本一のマネージャーであるように錯覚してしまうのだ。そうならないようにするため、マネージャーは定期的に担当タレントをローテーションしていく必要が出てくる。

とはいえ、入社一年目などの時期に、大物芸人について回れたりしたなら、やはりうれしいだろう。ハタから見れば、うらやましい。私の一年目もそうだった。当時は漫才ブームの真っ最中だ。私の同期には、大物芸人のマネージャーになり、一日に二度も三度も飛行機に乗り、日本中を飛び回るようになった者もいたのだから、どこかで妬《ねた》んでもいた。

私とは、住む世界がまったく違うように思えたのだ。

新入社員の私にとって、できたての宣伝広報室は、戸惑いも多い部署だった。当時、担当役員だった中邨秀雄からは、こう教えられていた。

「カネを払って新聞に記事が載るのは広告。カネを払わず新聞や雑誌に記事を載せてもらうのが広報。どうすればそれができるかを考えて、カネをかけずにやっていくのがお前の仕事や」

仕事は、自分で考えるもの。

吉本では当然のことだとはいえ、入社まもない人間にとっては難題だった。

●『マンスリーよしもと』初代編集長に就任！

カネを払わず新聞や雑誌に記事を載せてもらうには、どうすればいいのか？

まず記者を知り、記者と仲良くなるのがいいのではないか、と新入社員の私は考えた。

ただし、当時は「演芸担当」も「吉本番」の記者などはいなかったので、簡単には記者たちに近づいていけなかった。

そこでまず、相手のことをよく知ろうと考え、一般紙、地方紙、スポーツ紙、夕刊紙などのスクラップを始めた。手や鼻のてっぺんをまっ黒にしながら、新聞に目を通し吉本や演芸に関する記事を切り抜いた。なんとなくではあっても、各紙の傾向を摑《つか》んでいった。

この新聞は映画に関する情報を大きく扱うことが多く、この新聞は芸能ゴシップに抜け目がない……といった感じだ。見よう見まねで、イベントの記者会見を開いてみたこともある。

　自分なりの、いまでいうコミュニティのような記者クラブをつくったらええんやないかと思い立ち、独自の記者名簿もつくっていった。名簿に載せた記者たちにイベントのチラシなどを送り、電話をかけていたのだ。そんなことを繰り返しているうちに、少しずつ記者たちとのつながりはできていき、吉本に関する記事を載せてもらえることは増えていった。

『マンスリーよしもと』初代編集長。

　これも、私のプロフィールに常に挙げられる肩書のひとつになっている。だが本当のことをいえば、看板に偽りありというか、少しばかり誇大広告な面はある。

　なにせ『マンスリーよしもと』の創刊号が出たのは、一九八一年（昭和五十六年）四月一日である。私が入社した日なのだから、誌面づくりに関われるはずがなかった。そのうえ、七月までは京都花月で現場見習いをやっていたのだ。実際に私が編集に携わるようになったのは、宣伝広報室に配属されてからのことだった。

　それからしばらく経つと、責任者である上司の冨井から突然、「今日から編集長はお前に任せるわ」と言われたのだ。ある新聞社が主催する討論会があり、自分の代わりに私を行かせたかったからである。

「そんなん、無理です」と返したものの、冨井は聞いてくれなかった。

「ええから、ええから。編集長をやったことがある人間なんてこの会社に誰もおれへんのやから、誰がやってもいっしょや」と言われてしまった。

そうなれば、拒むことができないのが吉本である。その日から、私は〝初代編集長〟となり、実際に雑誌の舵取《かじと》りもするようになっていったのだ。

『マンスリーよしもと』では、島田紳助が「紳助の言いたい放題」というエッセイを連載していたので、その挨拶《あいさつ》に行ったのが初対面になった。

「おう、新人くんか、頑張れや。これからもずっと書いていくからな」

そう言ってもらえたのを覚えている。

●定価百円の情報誌をタダで配る意味

『マンスリーよしもと』には、百円という定価がついていた。最初は劇場の売店で売ろうとしていたものの、まったくといっていいほど売れなかった。そこで、定価は百円のまま無料配布するのに近い状態にしていった。

無料のものを配るより、百円のものを配るほうが喜ばれるからだ。大阪らしい、と私は考えた。

最初は、満員の劇場で通路に座り込むお客さんのお尻《しり》の下に敷かれていて、そのまま置いていかれることが多かった。ズボンの後ろポケットに丸めて突っ込んで帰ってくれる人を地下鉄で見かければ、うれしかったくらいだ。

持って帰ってくれるお客さんを増やそうと努力したのはもちろん、こちらから、関係者に送りつけるようにもしていった。

定期刊行物の郵送料を安くするため、大阪の北浜《きたはま》にあった近畿郵政局に第三種郵便物の申請もした。最初は、「こんなもん、単なる吉本の宣伝冊子やろ」と一蹴《いっしゅう》されかけた。それでも結局、何度か通い、第三種郵便物として認めてもらった。百円という定価がついていたのもよかった。「政治、経済、文化その他公共的な事項を報道し、又は論議することを目的とし、あまねく発売されるものであること」という承認条件を満たしている、と判断されたのだ。

関係者に定期的に贈呈していく冊数は、毎月増やしていった。東京へ行く同僚には、「配ってきてね」と頼んでもいた。単に撒《ま》いてきてもらうだけではない。テレビ局の演芸担当者を調べてきてもらった。担当がわかれば、その人には毎月、見本誌として送るようにしたのだ。そうしておけば、次に私が東京に行ったときには「『マンスリーよしもと』を送らせてもらっている竹中です」と挨拶できるからだ。

最終的に、千人近い関係者に定期送本するようになっていた。

利益にならないばかりか、経費がかかる。にもかかわらず、どうしてそこまでやっていたのかといえば、多くの人に見てもらわなければ『マンスリーよしもと』をつくっている意味がないからだ。

かつて戦前に出版させていた『ヨシモト』について、橋本鐵彦は、「お客さんの声の受信機」という言い方をしていた。その発想を引き継いでいたのだ。

吉本の情報を届けるだけでなく、それによって返ってくるお客さんの声を聞く。その姿勢が大切だと考えていた上司の冨井は、「だから『マンスリーよしもと』はいるねん。大事やねん」と言っていた。

当時、若者のあいだでは『明星』、『平凡』という芸能専門雑誌が人気だった。これらの雑誌に吉本の若手芸人を載せてもらいたくても、なかなかそうはいかない。だったら『マンスリーよしもと』を『明星』や『平凡』のようなファン向けの雑誌にして、女子中高生に読んでもらえるようにすればいいのではないか、とも考えていた。

もちろん、吉本興業の情報誌なので、若手ばかりを扱っているわけにはいかない。ベテラン芸人の声を載せ、イベントの情報も扱い、正之助会長のインタビューも連載していた。「吉本版明星」、「吉本版平凡」を目指して、女子中高生には若手芸人に親しんでもらおうとしながらも、吉本の情報や歴史も伝えていく。そんな雑誌にしようとしていたのだ。

それとともに、『マンスリーよしもと』にはもうひとつの役割を持たせた。

吉本総合芸能学院、「よしもとＮＳＣ」のＰＲである。

どうしてかといえば、ＮＳＣ設立は、この頃の私のもうひとつのミッションになっていたからだ。

●「学校つくれや」のひと言でNSC設立

「竹中、商品（芸人）が足りへんから学校つくれや！」

中邨にそう言われたのは、入社した年の十月のことだった。宣伝広報室に配属されてから、三か月目。『マンスリーよしもと』の編集長になったのと同じように突然、そう告げられたのだ。

「そんなこと言われても無理です。ボクはまだ芸人さんと話したこともほとんどないくらいですし、お笑い芸人なんかつくれるはずがないですもん」

「大丈夫や。この会社で芸人をつくった社員なんか誰もおれへんのやから、誰がやってもいっしょや。せやから、お前、やっとけ」

言ってることは、冨井と変わらない。どうもこの二人の上司のコンセプトは、いっしょのようだった。誰もやったことがないから誰がやってもいっしょだという理屈はどうかと思う。そんな言葉に納得できるはずがない。とはいっても、私はサラリーマンだ。上役の命令は絶対だと思っていたので、拒むことはできなかった。

どうしてNSCをつくる発想が持たれたのかといえば、中邨さんの言葉どおりだ。

前年から漫才ブームになっていて、人気芸人たちはテレビに引っ張りだこになっていた。そのため、大阪や京都の花月劇場に立てる芸人の数が足りなくなっていたのだ。ザ・ぼんちの花月の出番に穴があいて、やすきよが代わりに舞台に立ったこともある。格上の先輩芸人が代役を務めるというのは、通常はあり得ない。にもかかわらず、やすきよという大御所が拒まず代役を引き受けてくれたほどの非常事態になっていた。

ブームというものは長続きしないので、漫才ブームも翌年には下火になっていく。しかし、この時点ではまだ需要も多かったので、芸人を増やすことを急ぎたかった。そういうタイミングでの設立だったのだ。

ＮＳＣとは、ニュー・スター・クリエーション（New Star Creation）というベタな和製英語の略称である。

総責任者は冨井で、もう一人の私の上司と私の三人で設立にあたることになった。ちなみに、一期生のうち「トミーズ」は、冨井さんの名前からコンビ名をつけられている。

●ノーブランド芸人の時代へ

ＮＳＣができるまでは、芸人になるためには誰かの「弟子」になるのが一般的だった。たとえば紳助は、Ｂ＆Ｂの島田洋七に憧れ、その師匠である「島田《しまだ》洋之介《ようのすけ》・今喜多代《いまきたよ》」に弟子入りしてデビューへの道を拓《ひら》いた。

弟子入りをしないで芸人を目指す場合は、劇場で「進行係」などの仕事に就いてチャンスを窺《うかが》うことになる。松本竜介は、花月で幕引きや道具の出し入れ、芸人への出番の伝達などの係をしていたことから紳助とコンビを組むことになっている。

養成所は、芸人を目指すための第三の道になった。

弟子入りしたり進行係を務めるというのは、古いしきたりのようなものだ。入学金などを払って学校に入ることで芸人になれるのであれば、芸人志願者としては手っ取り早い。養成所をつくるやり方は、芸人を増やしたい事務所の側から見ても、芸人を目指したい志願者の側から見ても、画期的なシステムといえる。

NSCから誕生していく芸人たちは、師匠から引き継ぐ屋号を持たないという意味で「ノーブランド芸人」と呼ぶことにした。当時、流行《はや》り出した「無印良品」からヒントを得て私がつけたものだ。

NSCから多くのノーブランド芸人が生まれていったのは、ご存知のとおりだ。

一期生にはダウンタウン、トミーズのほかに、「ハイヒール」や吉本新喜劇で座長を務めることにもなる内場《うちば》勝則《かつのり》らがいた。

トミーズ雅《まさ》は、プロボクサーとして日本スーパーウェルター級一位にもなっていた男なので、入学式のときにもマスコミから注目を集めていた。

学校をつくって〝何を教えればいいのか〟といったことも、最初はわからなかった。そのため先発の養成所を参考にして、コースや授業内容を考えた。

NSCの設立以前にも大阪には、ミヤコ蝶々が校長となった「蝶々新芸スクール」、松竹新喜劇の曾我廼家明蝶《そがのやめいちょう》が設立した「明蝶芸術学院」があったほか、松竹芸能もタレント養成所（「松竹芸能タレントスクール」の前身）を設立していた。お笑いの養成所をつくるのは、吉本が日本ではじめてではなかったのだ。先に言うと、NSC一期生からこれだけの成功者を出せた理由はひとつ、「追いかける者は強い」ということだ。先発の三つの養成所を追いかけながら、参考書によくある、マーケティング戦略立案における環境分析ステップとしての「SWOT分析」をなぞってみただけである。

ハイヒールのリンゴは、DJコースとして応募してきていた。確かにそういうコースも最初は設定していた。だが、応募者が彼女しかいなかったので、そんなコースを提示していたこと自体、私も忘れていたのが本当のところだ。

開校から数か月経ってから、「あのう、いつになったらDJコースの授業があるんでしょうか？」とリンゴに聞かれて、ようやくそんなコースがあったのを思い出したのだ。行き当たりばったりといえば、行き当たりばったりだった。リンゴに対しては、「お笑いのほうに進んで人気者になれば、すぐにDJの仕事もできるようになるから」と誤魔化して、なかば無理やり漫才の道へ進ませた。

一期生には最初、ジミー大西《おおにし》もいた。彼は入学早々、なんば花月の進行係になり、その後、ザ・ぼんちのおさむに弟子入りした。そういう道をたどらずに芸人になれるようにするのがＮＳＣだったのだから、ＮＳＣに残る意味はない。そのためＮＳＣはすぐに辞めている。

ＮＳＣからはその後も、今田耕司《いまだこうじ》や「１３０Ｒ」(四期生)、月亭方正《つきていほうせい》(六期生)、雨上がり決死隊(七期生)、「千原兄弟《ちはらきょうだい》」、「ＦＵＪＩＷＡＲＡ」(八期生)、「ナインティナイン」、宮川大輔《みやがわだいすけ》、星田英利《ほしだひでとし》(九期生)、「中川家《なかがわけ》」、陣内智則《じんないとものり》、たむらけんじ、ケンドーコバヤシ、ハリウッドザコシショウ(十一期生)、小籔千豊《こやぶかずとよ》、「ＣＯＷＣＯＷ」(十二期生)、「ブラックマヨネーズ」、徳井義実、「次長課長《じちょうかちょう》」、「野性爆弾《やせいばくだん》」(十三期生)、「フットボールアワー」、コカドケンタロウ(十四期生)らが出ている。挙げていけばキリがない。比較的最近でいえば、ゆりやんレトリィバァが三十五期生だ。

一九九五年(平成七年)には、東京校を開校した。東京校の一期生からは、「品川庄司《しながわしょうじ》」が出た。ほかに「ロバート」、「森三中《もりさんちゅう》」、椿鬼奴《つばきおにやっこ》(四期生)、「オリエンタルラジオ」(十期生)、渡辺直美《わたなべなおみ》、「ジャングルポケット」(十二期生)らが出ている。最近では十四期生から「ＥＸＩＴ」のりんたろー。、十九期生から同じくＥＸＩＴの兼近大樹《かねちかだいき》、二十期生から「３時のヒロイン」のかなでらが出た。

さらに東京校と大阪校には、ジュニアコースとエンタメ業界を目指す人たち向けのビジネスコース、名古屋《なごや》校、広島校、沖縄校、福岡校、札幌《さっぽろ》校もある。過去には東京校通信講座、岡山校もあった。

これらすべての卒業生を挙げていけば、たいへんな人数になる。ここに挙げた芸人たちは、世に出てきて、多くの人に知られる存在になっているが、一般の人が聞いたことがないような芸人も数知れないのはもちろんである。

●六千人の芸人が生まれた「功罪」

「足りない商品を増やす」ということでは、成功したといえる。ただし、それによって所属芸人は六千人を超えることになった。

それだけの芸人がプロとしてやっていけるかといえば、さすがに難しい。YouTube など新しい舞台（職場）が増えているとはいえ、座れるイスの数は急に増えない。

本人はＮＳＣを出た芸人のつもりでいても、実質的にはフリーターと変わらない存在が増えていくのは、当然だともいえる。それが若手芸人のギャラが安すぎる、という話にもつながっていく。

令和の騒動後には、イベント会場を満員にしたのに「ギャラが安すぎた」と訴えている若手芸人もいた。そのため、「キングコング」の西野《にしの》亮廣《あきひろ》が、イベントを開催するのにどれくらいの経費がかかるのかをブログで説明していたこともある。吉本に中抜きされていると考えるのは誤解であり、他の売れっ子芸人の売り上げからイベントの制作費を補塡《ほてん》しているのが現実だ、と書いていた。まさにそのとおりだ。

芸人がここまで増えたことは、マネージャーをどうするか、という問題にもつながる。

六千人の芸人がいても、会社に対してそれらしい売り上げを入れられるレベルの芸人は、数パーセントにも満たない。ビジネスとして考えても、六千人のマネージャーを用意できるはずがないのは当然である。その結果、極端にいえば、「この数年のNSCの卒業生は全員、お前が一人で見といてな」といった話にもなってくる。そうなれば当然、芸人とマネージャーのコミュニケーションは密ではなくなる。

「いつから（会社は）そんなに偉そうになったのか」、「芸人ファーストじゃないと意味がない」という東野幸治と松本人志の言葉を思い出してほしい。

芸人ファーストになっているかどうかは、マネージャーとの関係性に左右される面も大きい。

会社（マネージャー）が、芸人ファーストという意識でいるなら、芸人のためにはどこにでも飛び回り、芸人が考えていることなどは常に把握しようとするものだ。マネージャー経験がそんなにない私にしても、一日のうちに京都花月、うめだ花月、本社と駆け回るようにしながら芸人たちのフォローをするようなケースは、少なくなかった。

しかし、芸人の数も増え、一人のマネージャーが複数の芸人を担当するようになれば、直接のフォローは難しくなる。わかりやすくいえば、芸人がいる所にマネージャーが駆けつけるのではなく、マネージャーが芸人に来てもらうケースも珍しくなくなる。スケジュールをはじめとした業務連絡はメールで済ませて、電話で話すこともめったにしないマネージャーも出てきてしまう。私が聞いたところによれば、「こういう仕事ができないでしょうか？」とマネージャーに相談しても、「上に聞いておく」とだけ返事をされて、相当の時間がかかったりそのままになるケースもあるようだ。

会社（マネージャー）と芸人の距離が開きすぎてしまえば、芸人ファーストとはいえなくなる。私はまず芸人ファーストがあってこそ、その先にお客さんファーストがあるのではないか、と考えている。芸人ファーストができていなければ、お客さんファーストを考えることなどはできないはずだからだ。

それでも、マネージャーばかりを責めにくいのが現実である。

NSCによって〝芸人の大量生産〟が可能になったことでは、メリットだけでなく弊害も出ているといえるのかもしれない。そういう見地から言うと、それらを支えている社員ファーストというのも重要なポイントではないだろうか？

●デビュー前のダウンタウン物語

NSCが生み出した負の側面については、とりあえず置いておく。

NSCにとって大きかったのは、一期生からダウンタウンやトミーズ、ハイヒールが出たことだった。彼らの成功を見て、NSCに入ろうと考える志望者は増えていったのだ。

もしNSCの設立が一年遅れて、ダウンタウンの二人が受験してきていなかったなら、どうだったろうか？　現在のようにNSCは機能していなかったのではないか、と思う。

ダウンタウンは、デビューまもない頃には次のような話をネタにしていた。

「ボクらはね、漫才ブームを見て、この世界に憧《あこが》れてNSCに入ったんですけど、漫才ブーム行きのバスに乗れると思うてたら、乗り損ねてたんです」

NSCを設立した頃、漫才ブームは下火になりかけていた。あと一年、設立が遅かったなら、ＮＳＣに入学することが「ブーム行きのバス」に乗ることだとは、考えなかったはずだ。だとすれば、乗車もしていなかった可能性も大きい。しかし、このネタには二人らしいオチが付く。

「乗り損ねたバスなんですが、よぉ見たら谷底に落ちてましたわ」

ダウンタウンの二人がＮＳＣの面接に来たときのことは、よく覚えている。ボウル吉本の中にあるフルーツパーラーを面接会場にして、新入社員の私も面接官になっていた。

当時、五分刈りだった浜田《はまだ》雅功《まさとし》は、競艇学校の入学試験に落ちていて、うめだ花月の前の看板を見て、ＮＳＣの開校を知ったのだそうだ。それで、中学時代の同級生である松本人志を誘って面接に来ていた。

面接といっても、ネタを見たりするわけではなかった。入社十か月ほどの私ができるわけがない。「キミら、月謝は払えるか？」と聞いただけだ。

入学金は三万円で、月謝は一万五千円。

それで二人は「はい」と返事したので、一応、上司にも伺いを立て「月謝が払えるならええやろ」ということで、私が「合格」を告げた。

だが、三か月分は前払いしていた彼らも、四か月目からは月謝を払わなくなった。それで二人には、冨井がバイトができるスナックを紹介している。

ふだんは最終電車で帰るようにしていたものの、遅くなったときには、自宅のある尼崎までの車代にと、店のママが一万円を渡してタクシーに乗せてくれていた。そうすると二人は、いったんタクシーで走りだしながらも、角を曲がり、ママから見えなくなったらすぐにタクシーを降りていた。いうまでもなく、お金が惜しいからだ。二人は朝まで、とぼとぼと街を歩いていたようだ。ダウンタウンの二人にも、そんな時代があったということだ。

●NSC一期生という「ファミリー」

NSCの授業は、ボウル吉本の一階にあったゲームセンターをつぶしてつくった稽古場《けいこば》で行った。

殺陣《たて》やダンス、声楽などの授業をラインアップしていた。当然、漫才などもやらせていたので、私も一緒になってネタづくりなどをやっていた。

コンビなどができはじめた頃からは「NSC寄席」を始めて、生徒の友だちにも声掛けして、一般のお客さんにも見てもらえるようにした。

松本と浜田のコンビ名は、最初は「松本・浜田」だった。その後、「まさし・ひとし」、ライト兄弟など、いくつかコンビ名を変えてから、ダウンタウンに落ち着いた。

まさし・ひとしというコンビ名をつけたのは、フジテレビ系列の『笑ってる場合ですよ！』のスタッフだった。なぜだか浜田は「まさとし」でなく「まさし」にされていた。生放送が始まる寸前まで、同席していた私は「松本・浜田」を推したのだが、受け入れられなかった。そのためでもあったのか、おそらく、自分たちでは「まさし・ひとしです」と名乗ったことはないはずだ。

彼らは当初、コンビ名の不要を唱えていたのだ。だから、コンビ名をつくることをまったく急いでいなかった。

二人の素質は、やはり高かった。明石家さんま、オール巨人、島田紳助の三人がNSC寄席を見に来てくれたとき、「一組だけすごいのがおるな」と意見が一致していた。

ただし、NSCを卒業したあとは、ダウンタウンよりトミーズが評価され、賞レースでも結果を出していった。どうして逆転現象が起きたのかといえば、トミーズの漫才は万人受けするものだったのに、ダウンタウンの漫才は客を選ぶタイプのものだったからだ。それでも、二人は一般ウケを狙って迎合はしなかった。独自の路線を貫いていたことが、現在の地位につながっている。

大崎現会長は、NSCの中でダウンタウンが頭角をあらわしだした頃、東京から大阪に戻りNSCを担当するようになり、二人の面倒をよく見ていた。ダウンタウンを生み出したのはNSCであっても〝カネになり才能溢《あふ》れる商品〟にしていったのは大崎だったといえる。

吉本にとって、一期生の存在は大きかった。彼らもまた、あの時代を大切にしてくれているようだ。

二〇〇八年（平成二十年）九月、冨井が定年退職で吉本を離れることになったときには、一期生が自発的に集合をかけて「冨井さんを送る会」を開いてくれた。芸人にはならず、一般社会で働いていたNSC同期の人間も含めて三十人くらいが集まった。

伝説の一期生が集まるとなれば、それぞれのマネージャーをはじめ、吉本のスタッフは、誰もが参加したがったのだが、シャットアウトした。芸人ではない吉本の人間で参加したのは冨井と私だけだ。二期生からは小間使い的な意味で二人ほど参加して、あとは一期生ばかり。「仕事で行けない」と言っていた松本も、途中で顔を出していた。

あのときのあの居酒屋には、ヘキサゴンファミリーにも似た純粋な意味での「ファミリー」があった気がする。

なつかしく、幸せな時間があったのだ。

●「絶対に手放さん」という思いで2丁目劇場をオープン

この頃の吉本では、花月の世界からはみだした笑いを提供する〝新しい場〟を考えるようにもなっていた。

梅田の阪急ファイブ八階にあった「オレンジルーム」という小劇場が、まずそれに近い意味を持つようになっていた。紳助・竜介などが実験的なイベントをやる際には、このスペースを使うようになっていたのだ。

そこで私は、ダウンタウン、「銀次《ぎんじ》・政二《せいじ》」、ハイヒールの三組に「ごんたくれ」というユニットを組ませて、オレンジルームでライブ公演を行わせることにした。「ごんたくれ」とは関西弁で、「やんちゃ者」という意味だ。いまは解散している銀次・政二もやはりNSCの一期生で、いかにもなごんたくれだった。

このライブを行ったのがNSC開校の翌年で、卒業公演とも呼べ、結果は大成功だった。

そうなると、吉本では必ず次を考える。

「新しいお客さんができてるんなら、放したらあかんで」

そう言ったのは中邨だ。このひと言によって、大﨑と私は新しいプロジェクトを動かしていくことになったのだ。

それが、「心斎橋筋2丁目劇場」である。

この当時、吉本興業の本店・大阪本部は、グリコの巨大看板のある道頓堀川をはさんで向かいの戎橋のたもとに建つ吉本ビルの六階、七階にあった（林弘高がここに本社を移転させていたということは第三章で書いている）。他のフロアは賃貸に出しており、三階、四階に「南海ホール」（旧・日立ホール）という小劇場があったのだ。最初は、この南海ホールを借りて「心斎橋筋2丁目劇場in南海ホール」と銘打った若手芸人のイベントを開いていた。南海ホールを借りてイベントを開いていた頃には、同期入社の中井《なかい》秀範《ひでのり》も合流し、制作の部分を全面的に支えていた。

そのうち、南海電鉄との賃貸契約が満了となったので、南海ホールを自社ホールにすることにした。一九八六年（昭和六十一年）五月にリニューアルオープンしたのが「心斎橋筋2丁目劇場」である。

この際には、大﨑と二人で会社に企画書も提出した。私は入社してから四、五年が経っていながら、それまで企画書などを書いたことはなかった。

大﨑から「竹中、企画書つくっといて」と言われて、「ボクは見たことないですよ。大﨑さんはボクより早くから会社にいたはりますやないですか」と返したものだ。

「俺もいままで口で言うだけで話が通ったからな」というのだから、二人とも弱ってしまった。結局、企画書は私の友人の代理店のプランナーにつくってもらっている。

その頃、中邨からは「上が劇場で、下にテナントが入っとる新宿アルタみたいなものをつくって、儲《もう》かる仕組みにしろ」と言われていた。

『笑っていいとも！』の収録スタジオがあった商業ビルが、スタジオアルタだ。それくらいのことは知っていても、具体的な様子はよく知らなかった。それでも、「十代の子をターゲットにした笑いの劇場にしたい」というような企画書を提出して認められた。

「アンチ花月」がもうひとつのコンセプトだった。

要するに、花月という、従来の老若男女に愛される寄席小屋という枠にはおさまりきらないことをやり、新しいお客さんを引っ張ってきたかったのだ。

この頃は大﨑や同期の中井ともこうした思いを共有できていた。

「2丁目劇場は絶対に手放さんと、最後までやり続けような」

よくそんなふうに話していたものだ。いまとなっては、よき思い出である。

●『4時ですよ〜だ』とダウンタウンの快進撃

心斎橋筋2丁目劇場のオープンは、五月十日だった。こけら落としの三日間の企画としては、ダウンタウン主演の『心斎橋筋2丁目物語』、大阪が誇るブルースバンド、憂歌団《ゆうかだん》による『2丁目ザ・ライブショー』、明石家さんまの『SAMMA劇団第1回公演』を並べた。この三日間は成功だったが、その後はしばらく苦戦が続いた。

ダウンタウンをはじめとした芸人に呼び込みをしてもらうなど、地道な努力を続けた。西川きよしの参院選挙出馬会見が突然開かれたときには、急いで「西川きよし出馬会見」という看板をつくり、そこに「2丁目劇場」と書き込んで、報道カメラに映り込むようにした。

そんなこともあってか、次第に客は集まりだした。女子高生たちが長蛇の列をつくるようになると、それも話題になり、さらに2丁目劇場の名前は広まった。

その後、2丁目劇場はNSCの卒業生など若手芸人たちの登竜門的ホールとなり、オーディション会場にもしている。アンチ花月というよりも、新しい時代を探っていくために、なくてはならない場所になっていたのだ。

心斎橋筋2丁目劇場オープン翌年の一九八七年（昭和六十二年）四月からは、毎日放送のテレビ番組『4時ですよ〜だ』が始まった。2丁目劇場からの生中継である。

夕方四時というのは従来、視聴率が取れない時間帯だったにもかかわらず、視聴率はぐんぐんと伸びていった。夏休みに入ると、視聴率が十五パーセントを超えることもあったくらいだ。

関西では絶対的な人気を誇るようになったあと、ダウンタウンは本格的に東京に進出。『夢で逢えたら』（フジテレビ系列）などの番組に出演したあと、『ダウンタウンのガキの使いやあらへんで!!』（日本テレビ系列）、『ダウンタウンのごっつええ感じ』（フジテレビ系列）、『ダウンタウンＤＸ』（読売テレビ）などの冠番組を始めていった。いずれも長寿番組になっている。

ダウンタウンが本格的にテレビ進出していく以前に、大﨑や中井とは「2丁目劇場に客が入りきれんようになるまではテレビには出さず、2丁目劇場から客がはみだすようになったときに電波を使おう」と話していた。

中邨も「劇場で足腰を鍛える前にテレビに出るようになった芸人はもたん」という言い

方をしていた。そういう考え方を、ダウンタウンの二人も理解してくれていたのだ。

ダウンタウン以降の芸人たちも同じような道をたどった。2丁目劇場からはその後、今田耕司、東野幸治らが出てきて、さらに「吉本印天然素材」というユニットも生まれた。

この頃は、『マンスリーよしもと』にしても、NSCや2丁目劇場の広報誌に近いものになっていた。連携はうまくできていたのだ。

一過性の人気に終わらせることはなく、NSCや2丁目劇場からは次々と新しいスターを送り出せていた。

●『吉本新喜劇ギャグ100連発』と『ナビィの恋』を製作

『4時ですよ~だ』の人気が爆発した頃は、夕方四時になると、大袈裟《おおげさ》だが大阪の街から女子中高生がいなくなるともいわれた。一方で、2丁目劇場周辺には女子中高生が群がったので、ビル一階に入っていた呉服屋さんからは「商売にならん!」と毎日のように怒られていた。

やがて、このビルのテナントが出て行ってしまうと、私たちは、物販のために「2丁目商店」を立ち上げた。タレントグッズショップのハシリだったといえる。

千社札シールや缶バッジのほか、ボールペンなどの文具に「2丁目劇場」というロゴを入れただけのようなものも販売していた。この頃は、ブランドのロゴが入ったセメント袋にも似た紙袋を持つのが流行《はや》っていたので、「COMME CA DU2丁目劇場」というロゴを入れた紙袋も発売してヒットした。

グッズ販売では、テレビ局や他の芸能プロダクションなどより、先をいっていた自信がある。うさん臭い商品も多かったとはいえ、それくらいの結果を出していた。

グッズの販売は、利益だけを目的にしていたわけではなかった。2丁目劇場の入場料だけでやっていくのは厳しかったので、グッズが売れたらまた新しいグッズをつくるなどして、ファンサービスを念頭に置いてのものだった。

ところがだ。利益が出るものがあれば放っておいてはくれないのが、吉本である。突然、本社の事業部が「これからは物販はうちがやるので引き継いでください」と言ってきたのだ。となれば逆らえないので、グッズ販売からは手を引くしかなかった。

商品（芸人）を売るための仕掛けをするのが広報マンの仕事であっても、目に見えるかたちで売り上げをつくって会社にお金を入れられない。

どんな会社であっても、近いところはあるのだと思う。制作や営業は会社の花形になり、広報や総務といったスタッフ部門は、裏方的存在になりやすい。出世レースといったものに興味はなくても、ハンディといえばハンディである。コスト部門という目で見られていたからだ。

その反動という部分もあったのかもしれない。私は私で企画して、好きなことをやらせてもらった面もある。

『吉本新喜劇ギャグ100連発』(CBSソニー)というビデオとレーザーディスクをつくったこともそうだ。

古い友人でもあるみうらじゅんさんが常々、「吉本新喜劇はおもしろい」と推してくれていたこともあり、新喜劇のギャグのクリップ集をプロデュースしてもらったのだ。一九八九年(平成元年)十二月の発売で、年が明けてからは、みうらさんに進行役を務めてもらうイベントも開催した。イベントには、吉本新喜劇の全盛期を知らないサブカル少年たちが集まった。ファン層を拡大できたのがよかったのか、このビデオは大ヒットしている。

さらに私の仕事の話をすれば、「イエス・ビジョンズ」という会社を設立して、『ナビィの恋』という映画もつくった(一九九九年公開)。

イエス・ビジョンズは、吉本興業に九十八万円を出資してもらい、関係者二人から一万円ずつ出してもらって百万円の資本で立ち上げたコンテンツ制作会社で、私が社長になった。

最初は『ギャグ１００連発』に近いオリジナルビデオをつくっていたのだが、やがて映画をつくろうと考えた。だが吉本は、映画製作に対しては出資をしてくれなかった。そのため銀行を回って、「これからはコンテンツの時代ですから」と口説いてお金を集めたのだ。『ナビィの恋』は沖縄を舞台にした作品で、高い評価を受けた。第五十回ベルリン国際映画祭ＮＥＴＰＡＣ賞、第五十五回毎日映画コンクール日本映画優秀賞など、いくつかの賞も取っている。

沖縄では、映画館の動員記録をつくるほどヒットした。監督は中江《なかえ》裕司《ゆうじ》で、製作総責任者として私の名前はクレジットされている。

イエス・ビジョンズでは、ナインティナインの岡村隆史《おかむらたかし》を主演にした『無問題（モウマンタイ）』、『無問題2』なども製作した。

『無問題』は、『ナビィの恋』と同じ一九九九年（平成十一年）の公開。サモ・ハン・キンポーらも出演している香港《ホンコン》ムービーだ。『無問題2』は二〇〇二年（平成十四年）の公開で、ユン・ピョウらも出演しているアクション大作である。いずれも成功といえる結果を出せている。この二本は、岡村隆史の「ジャッキー・チェンと映画に出たい」というひと言を聞いたところから始まったものだ。動機は不純でいい。そういうひと言が重要なのだ。

●「やめよッカナ⁉キャンペーン」で新喜劇を再生

『吉本新喜劇ギャグ100連発』を発売する以前、一九八九年(平成元年)には「吉本新喜劇やめよッカナ⁉キャンペーン」をやっている。

2丁目劇場が活気に沸いていた一方で、劇団創立より三十年が過ぎている吉本新喜劇は、不振に陥っていた。

吉本新喜劇にとって、マンネリはひとつの売りだったにもかかわらず、さすがに飽きてこられていたようだ。花月の公演では、漫才や落語のあとに新喜劇を上演するパターンが多い。当時は、漫才や落語が終わると新喜劇を見ないで帰ってしまうお客さんが増えていたのだ。それはもう「新喜劇」と呼べるものではなく、「新悲劇」だったといえる。

一九八七年(昭和六十二年)には、新たな本拠地として「なんばグランド花月」(NGK)をオープンしていた。そのこけら落とし興行においても、新喜劇は行われなかった。それくらい新喜劇の力は認められないようになっていたのだ。

そういう中にあって、大﨑が再生を託され、新喜劇を担当することになった。そこで大﨑が考えたのが、このキャンペーンだった。

「おもろいアイデアがあんねん。新喜劇、やめよっかなというテーマでいくから、キャッチフレーズとかをどう表現するか。お前、考えといて」と私に言ってきたのだ。

この当時、制作部のトップにいた木村政雄《きむらまさお》が責任者だった。

木村は、大﨑の直系の上司でもあり、「ミスター吉本」とも呼ばれていた。やすきよを育てるなど、漫才ブームを牽引《けんいん》した人であり、自分の功績をためらわずに口にする面もあった。それまでの社員にはいなかったタイプといえる。何かというと前面に出ていくところもあったので、マスコミ関係者にも顔が売れていた。そのため「ミスター吉本」と呼ばれるようになったのではないか、と思う。

私が楽屋でザ・ぼんちのおさむと話しているときに「声が大きい！」と叱られたこともあった。小学生を叱るセンセイか⁉　とも思ったものだ。細かく、うるさいところもある人だった。

そんな「ミスター吉本」が責任者だとはいえ、伝統の新喜劇を「やめよッカナ」などと言ってしまっていいものなのか……。

木村は大崎とつくったアイデアを、正之助会長にお伺いを立てに行っている。そのときには、こう言われたそうだ。

「あんな、かさばるもんは、はよやめてしまえ」

この言い方もすごい。

確かに新喜劇は、かさばる。役者も裏方もそれなりの数が必要になるので、合わせれば五、六十人規模になる。大がかりなセットも組まなければならない。それで、上演時間は四十五分ほど。漫才を三組入れれば、埋められる尺である。漫才を見たあと帰ってしまうお客さんも多かったのだから、合理性を考えるなら、やめるに越したことはなかった。

だが、正之助会長の本心はともかく、このキャンペーンの目的がやめることにあったのかといえば、そうではなかった。あくまで、再生を前提としたキャンペーンだった。新喜劇の役者やスタッフに対する激励であり、脅しである。

一九八九年（平成元年）七月十七日、楽屋に次の声明文を張り出したのが始まりだった。

「吉本新喜劇の明日の為に、現在の体制を解体します。よって作家、役者とも全員解散致します」

「解散」のところには最初、「解雇」と私は書いていた。それではいくらなんでも言葉がきついということで、「解散」に変えていたのだ。

このとき、たまたま間寛平《はざまかんぺい》と池乃《いけの》めだかが近くにいたので、「大変でっせ」と、二人にまずこの声明文を見てもらった。二人がそれを見て呆然《ぼうぜん》としていると、今度は楽屋に新聞記者を呼んできて、その様子を写真に撮ってもらった。寛平とめだかにとっては予想もしていなかった事件であっても、私から見れば自作自演に近いことだった。この様子は翌日の新聞ですぐに記事になり、この新喜劇解散というニュースが世間に知られることになったのだ。カネをかけない宣伝である。もちろん社内向け広報の効果も大だった。

この年の十月から翌年三月いっぱいまでの半年間に、うめだ花月に十八万人の観客が来なければ、吉本新喜劇は廃止する、とも発表した。

十八万人というのは、一日千人×百八十日という計算から出した数字だ。うめだ花月のキャパは七百人弱で、平日は一日二回公演、日曜や祝日は一日三回公演を基本にしていた。七割前後の客入りが続けば到達できる、現実性のある設定だった。

「新喜劇をつぶしたくなかったら花月に来てね」というおねだりの意味もあったといえる。劇場前には電光掲示板を置いて、「吉本新喜劇存続まであと〇〇〇人」というように、カウントダウン表示もしていた。

内部改革も当然、進めた。連日、役者やスタッフとは話し合いを続け、結果的に一部のベテランには勇退してもらった。花紀京、岡八郎、原哲男《はらてつお》らは、他の商業演劇やテレビドラマなどに職域を広げるようになっていたので、その手の仕事を増やしてもらうことにしたのだ。

一方で、今田耕司や東野幸治、130Rなど、2丁目劇場から出てきた若手芸人たちにも新喜劇に参加してもらった。そしてベテラン組の桑原和男、井上竜夫《いのうえたつお》、チャーリー浜《はま》、池乃めだか、島木譲二《しまきじょうじ》たちと新旧を融合させる喜劇をつくっていったのだ。

みうらじゅんと一緒になってビデオ『吉本新喜劇ギャグ100連発』を出したのは、このキャンペーン中に新しいお客さんを開拓することも、目的にしていた。このキャンペーンでは、蛭子能収《えびすよしかず》さんにポスターを描いてもらったりしていた。

みんなの努力が実り、リミット前の三月二十五日に目標の動員を達成！　結果を発表すると、劇場は拍手で包まれた。実際は劇団を止めないために、一旦活動を停止させ、リセットボタンを押してみたのだった。

芸人に対して甘くはなくても、簡単に切ったり捨てたりはしない。

時につまずくことはあっても、常に笑いをアップデートしていく意識のもとで、歩みを進めていく。それが吉本である。

●一和会系暴力団組長の誕生パーティ出席事件

吉本興業に起きた二〇〇〇年代の事件については、第一章にまとめた。その前にもやはり、裏社会に関わる話はあった。

一九八七年（昭和六十二年）には、吉本所属の芸人たちが三年前に行われていた一和会系・白神英雄《しらかみひでお》組長の誕生パーティに出席していたことが、スクープされた。

話の流れとしても、令和の闇営業騒動と近いといえる。ただし、相手は暴力団組長だ。山口組で若頭補佐を務めたこともあり、一和会では常任顧問を務めていた大物である。この頃には、いわゆる山一抗争が続いていて、白神組長は一九八七年二月にサイパンで射殺されているのが発見されていた。「そういう人とは知らずに出席してたんです」では、済まされにくいシチュエーションだったといえる。

このときはまず、KとTとT（ここでは芸名は伏せさせていただく）の三人の実名が挙げられて、新聞報道された。この報道は第一弾的なもので、第二弾の報道では、もう一人、パーティに出席していた大物芸人の名前が出されそうだという情報が入っていた。

こちらとしてはとにかく、その大物とは誰なのかを知っておく必要があった。急いで調べなければならない、とずいぶん焦った。問題のパーティのビデオテープが出てきたので、見てみると、大物が誰なのかは……あっさり判明した。Hだった。

そこで私たちがどうしたかといえば、Hの名前がメディアで出される前に先手を打ってこちらから会見を開いて謝罪して、謹慎などの処分を発表した。

後手後手に回った令和の騒動とは違い、先手を打てたのがよかった。Hをはじめ、そのパーティに参加した芸人たちは、長く謹慎することもなく、復帰できている。とはいえ、記者会見に集まった社会部の記者たちの追及の声は厳しかった。いままでの知った顔の芸能や学芸部の記者はおらず、「こんなおそろしい記者会見があるものなのか……」と身が震えるような思いをしたものだ。

時代の違いといえばいいのか、世間の目がいまほど厳しくなかったのは確かだ。この前年には、日本人であれば誰でも知っている大物演歌歌手が、稲川会の新年会に出席していたことが発覚していた。この大御所はNHK紅白歌合戦の出場は辞退したものの、そのまま芸能界から消えたりしなかったのはもちろんだ。

この頃はまだ、裏社会や反社との関わり合いをまったく持たずにいるのは難しい時代だったといえる。

それでも、Hの謝罪会見では「二度と同じようなことが起こらないように社員教育を徹底して、所属芸人の仕事は管理していきます」と代表して、私が表明したものだった。

だが、結果としてこの公約は守れなかった。この後には、紳助の交際問題が取り沙汰《ざた》され、令和の騒動が起きたわけである。

同じことを繰り返してきたのが、現実である。

●本流とインディペンデント

正之助会長が亡くなったのは、Hたちの問題が取り沙汰された四年後である。

その後、林マサ氏が起こしたといえるお家騒動などについてもすでに書いている。

マサ氏が敵対視したのは、中田カウスだけではなかった。『襲撃　中田カウスの1000日戦争』の中には、にわかに信じられないようなカウスの証言が紹介されている。

「あれは僕が、マサさんと親しくなってからしばらくたったころ、ちょうど息子の正樹の吉本入りが噂されていた時期（〇二年）のことでした。マサさんからある日、

『木村を始末してくれませんか』と言われたんです」
「冗談やと思って聞き直したら、『木村が会社におったんでは、正樹が社長になれません。だから、師匠、木村を始末してください』と真顔で言うんです」

創業一族という系図によって、会社を継承していくことにこだわりすぎていたマサ氏が、常軌を逸していたというしかない。当たり前の話だが、カウスにしてもこんな話は聞かなかったことにしている。

マサ氏が絡んだ話を別にすれば、吉本興業の中ではこれほど異常な話はほかにない。

たとえば一九九五年（平成七年）に吉本興業は元フジテレビの横澤彪《よこざわたけし》氏を招き入れていた。横澤は、『笑ってる場合ですよ！』や『オレたちひょうきん族』などを手掛けていた敏腕プロデューサーだ。その後すぐ、横澤は東京支社長に就任しているが、思ったようには活躍できなかった感もある。

あるとき横澤からは、「僕も竹中くんも外様《とざま》だからな」と言われたことがあった。一時代を築いたあとに吉本に入った横澤には、息苦しいところがあったのかもしれない。だとしても、私が外様だというのはとんでもない話だ。

「いやいや、ボクはプロパー（生え抜き）ですやん」

そう返したものの、横澤には通用しなかった。

「やってきたことは外様みたいなものだったんと違いますか」と一蹴されたのだ。

横澤の言葉は本質をついていたものだ、ともいえなくはない。結局のところ、私がいろいろやってきたことも、ひとから見れば〝インディペンデント〟に分類されるのだろう。

吉本興業では、創業時から変わらず、「人を笑かすこと」が上位概念であったはずだ。それさえ守っていれば、メインストリームもインディペンデントもないはずなのに、そうはいかない部分が生まれていたのだとも考えられる。

組織として百年も生き永らえていて、多くの人が集うようになれば、いろいろな役割が生まれていくのは仕方がない。いいか悪いかは別にして、会社を大きくすることを考えるのがメインストリームになっていた部分は、あった気がする。

●コンテンツビジネスと『M－1グランプリ』

「いまの吉本はどんな会社なんや？」と問われたなら、答えは難しい。

軌道修正するところは軌道修正しながら、どこよりも早く新たなことにも取り組んでいく。ただし、手を引くのも早い。

そんな会社である……のだとは思う。

TOBによって組織を一新したあと、いろいろなことに取り組んできたのは確かだ。コンテンツビジネスを考えるのも早かったといえる。

『吉本新喜劇ギャグ100連発』がヒットしていたのをはじめ、一九九四年（平成六年）には松本人志の『遺書』（朝日新聞社）がベストセラーとなり、翌年には浜田雅功と小室《こむろ》哲哉《てつや》の「H Jungle with t」による『WOW WAR TONIGHT～時には起こせよムーヴメント』がヒットした。こうした実績もあったので、著作権を持つ作品に対する意識は高くなっていた。

二〇〇〇年（平成十二年）からは、「Re:Japan」というユニットによる『明日があるさ』がムーブメントをつくっていった。CMから始まり、ドラマ化、CD発売、映画化と展開。ワンソース、マルチユースをわかりやすく実現していた。

インターネットや携帯電話ビジネス、CS放送などを考えてのソフト制作や配信ビジネスも視野に入れていた。そのあたりに関しては、林裕章社長時代から意識を高めるようになっていて、大﨑体制で強化されたと見ていい。

二〇〇〇年にKDDIとの合弁で設立した「ファンダンゴ」は、マルチメディア向けコンテンツの作成と配信を目指した会社だった。

翌年、東京電力と共同設立した「キャスティ」は、無料動画サイト「casTY」を運営している。この年には、レコード会社「アール・アンド・シー・ジャパン」も設立した。のちに、『ダウンタウンのガキの使いやあらへんで!!』や『アメトーーク！』のDVD発売、コンテンツ配信なども行うようになった会社だ。

一方で、新たな芸人の発掘も忘れなかった。「漫才に恩返しをしたい」という島田紳助が大会委員長となって『M－1グランプリ』を始めたのが、二〇〇一年（平成十三年）だ。もともと紳助は、十年以上、この世界にいながら売れずにいる芸人たちに「お前は向いてへんで。このまま残っとっても、この先、苦労するで」と直接言っていた人だ。残酷だったのではなく、紳助なりの愛情である。

『M－1グランプリ』が創設当時、結成十年以下のコンビやグループであることを出場資格にしていたのも、そのためだ。最後のチャレンジという意味を持たせたかったからである。だが、紳助が引退したあと、一時中断していた大会を再開した二〇一五年（平成二十七年）からは、「結成十五年以内」に出場資格が緩和された。

二〇一九年（令和元年）グランプリ優勝者のミルクボーイは、結成十二年のコンビだったので、出場資格が十五年以内になっていたからこそ、日の目を見られたわけだが……。M−1を始めた紳助の思いを考えたなら、このままでいいのだろうかとは考えてしまう。

●七号で廃刊となった『コミックヨシモト』

二十一世紀に入るあたりから、吉本が始めた新規事業は数知れない。儲かりそうなことには目がない会社だからだ。数を撃っていれば、失敗もやはりある。

私が担当することになった新規事業でも、短命で終わったものはある。二〇〇七年（平成十九年）に創刊した隔週刊誌『コミックヨシモト』がそうだった。

『マンスリーよしもと』のときと同じように、突然、「編集長をやれ」と言われたのが始まりだった。「ボクは漫画を読まんし、無理ですよ」と返しても、当時、副社長だった大﨑には、聞く耳を持ってもらえなかった。

「大丈夫、大丈夫。漫画雑誌の編集長をやった人間なんておらんのやし、お前、一人でやるわけやないから。難しくは考えず、やったらええやん」

デジャヴを起こしそうな言葉だった。当然、このときも断れず、必要な準備を進めて、『コミックヨシモト』を急発進させた。

だが、思ったように販売は伸びなかった。

そのため、五号まで出した頃、大﨑からは「いま、赤字はどのくらいになっとるんや？」と聞かれた。

「一億円くらいやと思います。でも、創刊から一年すれば単行本も出せますので、そこから回収していけると思いますよ」と答えたが……。よくよく調べてみると、一年待って単行本を出しはじめるまでには、負債は二億近くなるのがわかった。

「それは大変やん。お前一人で二億の赤字を出すのはあかんやろ」

「もう少し辛抱して続けたいのですが」

「どっちにしてもあかんやろ。いますぐやめるには、どうしたらええの？」

「次の号は出す段取りはもう進めてますので、いますぐはやめられません。あと二号ほど出して、ギャラさえ払えば、やめられると思いますけど」

「それなら、それでええやん。すぐやめよ。決まりや」

そんな会話によって、廃刊が即決されたのだ。

結局、七号で廃刊となったので、原作を書いてくれていた桂三枝（現・文枝）や島田紳助ら芸人たち、漫画家の皆さん、取次店の関係者などには、説明とお詫《わ》びに回った。連載漫画をどう終わらせるか、といったことも相談しなくてはならなかった。紳助などは「思うたとおり長続きせなんだな。それなら主人公、死んだことにしようか」と笑っていたものだ。

『コミックヨシモト』では、「レイザーラモン」と永井《ながい》豪《ごう》さんの組み合わせなど、おもしろいこともできていたので、もう少しやりたい気持ちもあった。

それでも、連載作品のうち、三枝原作の『桂三枝の上方落語へいらっしゃ〜い』（作画＝高井《たかい》研一郎《けんいちろう》）や「２丁拳銃《にちょうけんじゅう》」の小《こ》堀裕之《ほりひろゆき》原作の『あとん』（漫画＝板羽《いたば》皆《みな》）などは電子配信してから単行本にしている。大ヒットしたわけではなくても、赤字は最小限に食い止めたつもりだ。

『コミックヨシモト』は、ワニブックスと共同設立した株式会社ヨシモトブックスから出していた。この後には、『島田紳助１００の言葉』、『シルクのべっぴん塾』、『ナインティナインのオールナイトニッ本』などのヒット作も生み出した。

●人を笑わすエンタテインメントが本業

林裕章会長が亡くなったのは、二〇〇五年（平成十七年）一月だ。

中田カウスの回顧によれば、裕章会長は亡くなる間際、「紳助のこと、頼むぞ……」とカウスに言っていたそうだ。裕章会長は紳助のことを買っていて、その当時の紳助は、吉本所属マネージャーへの暴行事件で謹慎していた頃だったからだ。裕章会長が亡くなると、マサ氏は「大﨑の鼻の先に〝社長〟って書いたニンジンぶら下げて、一生走らせたる」とも口にしていたそうだ（『襲撃　中田カウスの１０００日戦争』参照）。聞かされて気持ちのいい話ではない。

二〇〇六年（平成十八年）～二〇〇九年（平成二十一年）の間は、吉野伊佐男社長、大﨑副社長というツートップ体制で難局を切り抜けた。すでに書いているように、二〇〇九年には「中田カウス襲撃事件」があった。各事業を分社化して、吉本興業が束ねる「持株会社制」を導入したうえで、二〇〇八年（平成二十年）にはコンプライアンス推進委員会を設置し、二〇〇九年にはＴＯＢ計画を発表した。それでも、二〇一一年（平成二十三年）には「島田紳助の引退騒動」が起きてしまう。

私も長年、大﨑とは多くの仕事をともにしてきた。精力的な人であり、手数で勝負する人だといえようか。『コミックヨシモト』なども、わかりやすい例のひとつだ。思いついたことは迷わず実行に移して、失敗したら即撤退。そのあたりの感覚は、やはり鋭い。

地域への密着を考えた「あなたの街に住みますプロジェクト」なども、おもしろい試みだといえる。名称が示しているままのことで、芸人とスタッフを全国各地に住まわせて、地域密着型でやれることを探っていくものだ。

このプロジェクトは、二〇一一年四月に開始されている。だからといって、東日本大震災があったから始めたわけではない。

この年の年頭会見では、全国四十七都道府県で活動するエリア担当社員を募集すると発表していた。その準備のため、仙台で仮の事務所を借りていたスタッフが被災している。震災後、あらためてスタッフを採用し、四十七組の芸人を全国に移住させたのだ。知名度のある芸人は少なく、地域にゆかりがある若手コンビが多かった。それもよかったのか、地域ごとにそれなりの成果をあげられている。二〇一三年（平成二十五年）秋には、私も東北六県を任される「東北担当住みます専務」に就き、仙台や会津若松《あいづわかまつ》に住民票を移した。

このプロジェクトは、さらに「アジア版」、「大阪市二十四区版」と拡大（極地化）していき、事業としての発展をみせている。今後、このプロジェクトをBS放送などと連携させていくという。

一般的に評価が厳しいのは、「クールジャパン機構」との取り組みだろう。アジア版住みますプロジェクト、教育も含めた人材育成事業への進出、行政との連携……といった動きにもつながっていくところだ。

「吉本がいらんことをするな」、「クールジャパンにまで首を突っ込むな」と言う人もいる。現在、吉本を離れている私から見れば、「いらんこと」だとは思わない。民間企業のビジネスなのだから、公共性を鑑《かんが》みて事業の発展を考えていくのは当然だ。その中では、うまくいくこともあれば、損をすることもある。

百年企業として考えるなら、これからは、さらにＣＳＲ（社会的責任）なども考えていく必要が出てくるはずだ。そうなってくれれば、第三者の目から見ると吉本らしからぬ事業やボランティアは、ますます増えていくとも想像される。

時代の流れからいっても、自然なことだ。

〝人を楽しませ、笑わすエンタテインメントがあくまで本業〟であることを忘れず、ブレないようにできているならいいのではないか、と思う。

「何をやってもええけど、赤字を出さんときや」といったところか。

●吉本は一ミクロンも変わらなかった!?

これから吉本はどこに行くのか、行くべきなのか――。

私は現在、吉本の人間とはほとんど交流を持っていない。それでもやはり、時々、連絡をくれる人間はいる。そのうちの一人からは「あの記者会見騒動があっても吉本は、一ミクロンも変わってませんわ」と、またある者からは「吉本らしい働き方改革がグイグイと進んでいますよ」と聞かされた。

「芸人は五万円までのギャラなら直営業は認めると決まった」ということも報道された。どこまでマジメな話なのかは、よくわからない。また、新型コロナウイルスにより三月二日から直営館のすべてが休館したが、これほどの試練は、百年の歴史の中でもそんなにない事だ。ただし、今回は芸人に「休演補償」があると聞き、芸人もお客さんもみなが驚いているようだ。

結局のところ、令和元年の騒動をきっかけとして、がらりと吉本が生まれ変わることはなかったようだが、新型コロナウイルスを前にして大きく変わる必要も出てきたといえる。

もちろん、コンプライアンスはこれまで以上に徹底していき、芸人ファースト、お客さんファースト、社員ファーストといったことを考え直すきっかけにはなったはずだ。正しく実現できれば誰もが幸せでいられ、できなければ、またどこかで悲劇が生まれる。

経営者批判などはするつもりはないし、偉そうなことも言えない。だが、これまでの吉本は、歴史から学んでこなかったのは確かだ。一九八七年（昭和六十二年）のHの件があり、島田紳助の件があっても、令和元年の騒動が起きてしまったのだから。

知らず知らずのうちに反社と関わっていたようなケースを完全になくすのは、なかなか難しい。だからといって、今後もなお同じことを繰り返していたのでは、むなしさだけしか残らない。

「愚者は経験に学び、賢者は歴史に学ぶ」ともいう。

過去の歴史を教訓にしていれば、自分や会社がわざわざ痛い目に遭う必要はない、ということだ。

吉本が〝笑えない会社〟になってしまったのでは、ギャグにもならない。

笑わせる、という行為においては、どこにも負けない会社になってほしい。世界一オモロイ会社になってほしい。そうであり続けてほしいというのが、私の願いだ。

●「笑える百年企業」のこれから

古い話に戻すが、「なんばグランド花月」が入る吉本会館には、グランドオープン時、「デッセ・ジェニー」というディスコが地下にあった。

正之助会長の鶴のひと声によって、決まったことだ。

映画館をつくろうとしていたところで、「これからは映画館やなくてディスコやろ」と言われて、みんなが「ハイそうですね」と言って計画が変更されたのだ。

その段階では映画館の設営も進めていたので、発注済みの椅子をどうするか、という問題も生じた。そのとき誰かが、「うめだ花月で使えるんやないか」と言い出した。実際、椅子はうめだ花月に回すことになった。

そうであれば、椅子を変えたとPRしない手はない。そのときはしっかりと、広報マンの私は「うめだ花月、新装オープン。座り心地最高の椅子に総入れ替えしました」と宣伝している。

こんなことができるのが、「笑える会社」だ。どこにも負けないアドリブ力を持ち備える経営者がいる大企業だ。

「転んでも笑いながらタダでは起きない会社」だともいえる。

正之助会長の時代がよかったかどうかはともかく、吉本興業という会社の本質、キャラクターとはこうしたところにあるのではないだろうか。

〝会社も社員もアホなところはあるけど、なんか憎めんし、おもろいからな〟

そう言われるような百年企業があってもいいのではないか、と思う。

吉本興業は、謎の生命体である。オモロイことを本気で追求する集団でもある。

生まれてからは、百有余年が過ぎている。その中では、どんどん成長できていた時期もあれば、しぼんでしまっていた時期もある。

お客さんの笑いがあれば成長し、笑いがなくなれば消えてなくなってしまう。

そんな百年企業は、地球上に他にないのではないか。

そのことには、誇りを持ってもいいはずだ。

どんな事業を展開してもかまわない。

教育分野に進むなら、吉本のおかげでイジメが減り、楽しく学べたと言われる。

医療福祉分野に進むなら、お笑いのおかげで健康でしたとか、病気にかかったとしても、吉本のおかげで笑いながら入院させ、本人も笑いながら死ねました、家族も笑いながら送りました、と言われる。

そんな吉本であってほしい。
世界中どこへ行っても、吉本の笑いがあり、みんなを笑顔にしていく。
それこそが、この生命体が生まれた使命のようなものではないだろうか。
そして誰からも言われる。
「吉本にはかなわんな」と。

あとがき

「人生はやり直せる！」

私は毎月、東北のとある刑務所に通い、満期出所予定者に対する「釈放前指導導入教育」を受け持っており、この台詞《せりふ》は、そこで彼らに告げるひと声である。その授業では、それぞれの受刑者の釈放日の約一か月前から、社会復帰のプログラムが組まれている。電車の自動改札機の使い方や、スーパーで売っている玉葱《たまねぎ》や人参《にんじん》の値段等を教わることに始まる。私は、コミュニケーションの取り方の先生で、毎月一時間のコマを四つ受け持っている。

一時限目は、自分はどこから来た誰なのか、自分を知るための「自分自身が自分にインタビュー」。二時限目は、相手に自分を知ってもらうための「グッドなコミュニケーションのすすめ」。三時限目は、刑務所生活で固まった頭をほぐす「やわらか頭づくり」。四時限目は、みんなが娑婆《しゃば》にいないうちに増えた「数々のハラスメントを知る」などなど。

私の生徒さんには十年以上、塀の中で生活している人も多いので、フランクな会話などに縁遠かった人が多い。塀の中では自由に会話ができる時間もあるが、基本的に私語は慎まねばならない。しかし、塀の外は自由な会話が許されている。トイレに行くのに許可をもらう必要もない。そういう意味でも、自由な会話でコミュニケーションを図り、他人から助けられたり、助けたりという法則を知ってもらおうというものだ。

また、「情報」という観点では浦島太郎《うらしまたろう》状態だ。ただ、テレビや雑誌でネタを入手していることもあるので、若干、頭でっかちの人も多い。だから、私は授業では「インタビュー」という名の雑談を仕掛けていく。言葉のキャッチボールをしていく中で、現実の社会の様子を知らせていくのである。

「百万円あげるから何に使う？　貯金はアカンで」「大きなテレビを買って大好きなサッカーを見たいです」「幾らのテレビや？」「八十万円ぐらいすると思います」「この前、近所の家電の量販店で、五万円ででっかいの売ってたで」「五、五万円ですか？」「残り、何に使う？」「ええっ、そんなに安いんですか？　じゃ冷蔵庫と洗濯機と掃除機と……。そんなに無理ですよね？」「まだまだ余ってるで」などと。これはもう大喜利である。

松本人志が、テレビで「教育に大喜利みたいなのを入れればいい。それは答えがひとつではないものだからだ」というようなことを言っていた。まさしく同感。ひとつの答えを出すための（もしくは記憶する）勉強も大事だが、その対極にある「答えはいくつもあり、どれも正しい」ということをも想像する力をつけてほしい、と願ってつくったプログラムだ。

我がふるさと吉本興業のことをしっかり見つめたのは退社してからなので、五年ぶりだ。無理に避けていたわけではない。たまたま令和元年になってから立て続けに大きな事件や話題があったので、あれこれ見たり読んだりしているうちに、手元にあった『吉本興業百五年史』をじっくりと読み直してみた。するとどうだろう、歴史書は教科書だ。私が世話になった三十五年ほどのあいだに、上司や後輩と行った数々のエポックメイキングな事象が、実はそのまま過去の頁に掲載されていたのである。

マサチューセッツ工科大学の哲学教授ブラッドフォード・スコウ博士は、「スポットライト理論」というものを提唱している。簡単に説明すると、時間は流れているのではなく、止まっているものと考えられ、相対性理論を基にすると、「現在・過去・未来」は同じステージ（時空間）に広がっている。実際には、それらが散在している状態にあり、そこにスポットライトが当たり、それぞれを映している様《さま》が、時間が経過しているように見えるだけで、「過去・現在・未来」はすべての時間、同時に存在し、子どもや大人の私もみなさんたちもすべて同時に存在しているというものだ。私は『百五年史』の頁をめくり、そのことを感じたのだ。

百有余年の歴史を誇る吉本興業は、二つの世界大戦から関東大震災、阪神淡路大震災、東日本大震災など国内の大災害、そして今回の「パンデミック」とされる新型コロナウイルス感染症（COVID－19）の蔓延《まんえん》などに遭いながらも、生きながらえている企業だ。私は「企業」とは呼ばず、あえて「生命体」と呼ばせてもらっている。その時代、その時代の船長が会長や社長であり、芸人やタレント、社員やそれぞれの家族が乗組員だ。株式会社という看板こそ掲げてはいるが、今やこの「お笑い」を核にした「生命体」は不死身である。その鼓動を聞いたとき、この本を書こうと思い立った。本家本元の正史やエピソードは『吉本興業百五年史』に任せ、今回は竹中版ともいえる「私家版」吉本興業史を書いてみた。

編集ではKADOKAWAの菊地悟《きくちさとし》さん、小川和久《おがわかずひさ》さん。執筆では内池久貴《うちいけひさたか》さん。そして、今回も私の家族や多くの友人の後押しと応援に助けられた。感謝申し上げます。

笑門来福！　きっと春は来る！

竹中功《たけなかいさお》

二〇二〇年五月

主要参考文献一覧

『吉本興業百五年史』（吉本興業発行、二〇一七年）
吉本興業株式会社編『吉本八十年の歩み』（吉本興業株式会社、一九九二年）
西岡研介『襲撃　中田カウスの１０００日戦争』（朝日新聞出版、二〇〇九年）
竹本浩三『笑売人 林正之助伝　吉本興業を創った男』（大阪新聞社、一九九七年）
小谷洋介・著、竹中功・監修『吉本興業をキラキラにした男　林弘高物語』（ＫＫロングセラーズ、二〇一七年）
常松裕明『笑う奴ほどよく眠る　吉本興業社長・大﨑洋物語』（幻冬舎、二〇一三年）
中邨秀雄『笑いに賭けろ！　私の履歴書』（日本経済新聞社、二〇〇三年）
増田晶文『吉本興業の正体』（草思社文庫、二〇一五年）
笹山敬輔『興行師列伝　愛と裏切りの近代芸能史』（新潮新書、二〇二〇年）
竹中功『わらわしたい　竹中版・正調よしもと林正之助伝』（河出書房新社、一九九二年）
竹中功『お金をかけずにモノを売る広報視点』（経済界、二〇一八年）
竹中功『よい謝罪　仕事の危機を乗り切るための謝る技術』（日経ＢＰ社、二〇一六年）

竹中　功（たけなか・いさお）

株式会社モダン・ボーイズCOO、謝罪マスター。1959年大阪市生まれ。同志社大学法学部法律学科卒、同志社大学大学院総合政策科学研究科修士課程修了。吉本興業株式会社入社後、宣伝広報室を設立、月刊誌『マンスリーよしもと』初代編集長を務める。「よしもとNSC」開校や多くの劇場の開場に携わる。映画『ナビィの恋』『無問題』『無問題２』などを製作。「コンプライアンス・リスク管理委員」「年史編纂委員」「創業100周年プロジェクト」などを担当。よしもとクリエイティブ・エージェンシー専務取締役、よしもとアドミニストレーション代表取締役などを経て、2015年7月退社。現在は作家活動に加え、ビジネス人材の育成や広報、危機管理などに関するコンサルタント活動や刑務所での釈放前指導導入教育を行っている。著書に『よい謝罪　仕事の危機を乗り切るための謝る技術』『謝罪力　仕事でも家庭でも「問題解決」に役立つ本』（日経BP社）、『お金をかけずにモノを売る広報視点』（経済界）など。

吉本《よしもと》興業《こうぎょう》史《し》

竹中《たけなか》　功《いさお》

2020年 6 月 10 日　初版発行
2024年 4 月 20 日　再版発行

◆◇◇

発行者　山下直久
発　行　株式会社KADOKAWA
〒102-8177　東京都千代田区富士見 2-13-3
電話　0570-002-301（ナビダイヤル）

編集協力　内池久貴
装 丁 者　緒方修一（ラーフイン・ワークショップ）
ロゴデザイン　good design company
オビデザイン　Zapp!　白金正之
印 刷 所　株式会社KADOKAWA
製 本 所　株式会社KADOKAWA

角川新書

ISBN978-4-04-082353-9 C0295